JN099459

絵で読む

An Illustrated Introduction
to Education

教育学入門

広岡義之 [著]
北村信明 [絵]

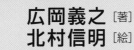

ミネルヴァ書房

まえがき

　いつ頃からであっただろうか，いずれイラスト付きのわかりやすい教育学入門書を書いてみたいという構想が湧き始めていた。今回，その思いがようやく実現の運びとなり，感無量である。構想から足掛け何年を要したことだろうか。やはり，文字だけの解説よりも読者は内容が理解しやすいと，実物を手にして実感した。苦労したが，試みてよかったというのが正直な感想だ。コメニウスが，世界で初めての絵入り教科書である『世界図絵』を完成させたのが1658年である。彼と比較するのは，おこがましいことだが，文字だけの書籍の時代に「絵入り」という新しいアイデアを実行したコメニウスの偉大さを再認識した次第である。

　さて本書は，教育学の入門書として，基本的な内容をおおかた網羅している。30年間の大学での講義内容の蓄積が凝縮した果実が，たわわに実ったという感じである。教育を哲学するとき，イラストを使用することで，その内容のイメージがつかみやすいという利点を本書は有している。講義する立場からも，受講生に説明しやすいことは明白だ。

　今回はイラストレーターの北村信明氏にご協力いただき，すばらしい出来栄えとなった。まさに二人三脚の営みであった。筆者の説明する複雑な内容も，一目でその本質を理解できるイラストにまとめて作成していただけた。この場をお借りして深く謝意を表したい。

　本書では多くの教育学関連の資料や文献を参照し援用させていただいた。そのことに対して関連の著者の先生方に御礼申し上げたい。本書作成に当たっては，ミネルヴァ書房社長の杉田啓三氏，営業部長の神谷透氏，そして編集部の深井大輔氏にたいへんお世話になった。ここに千の感謝を送りたい。また筆者の思いに基づいたイラストの下作業に根気強

く取り組んでくれた妻，淳子にも感謝する。

　筆者はさらなる自己研鑽に取り組むつもりである。顧みてなお意に満たない箇所もあり，これを機会に反省を踏まえつつ，大方のご批判，ご叱正，ご教示を賜り，さらにこの方面でのいっそうの精進に努める所存である。

　2020年3月

広岡義之

絵で読む教育学入門

目　次

第1章

教育とは何か

1 教育の定義（その１）

個人主義的な定義

　教育の目的や目標を，人間の「成熟」に焦点づけるならば，幼い子ど
もが十分に生活できるよう手助けをするということが，一番目の定義で
ある個人主義的な「教育」としてまとめることができよう。

　教育の目的や目標について，ドイツの著名な教育哲学者ボルノー★は，
「成熟」と「成人」という言葉で，次のように説明する。

　「成熟」は，人間の中の能力が完全に成長した状態であるのに対して，
「未熟」は内部からの成長がまだその目標に達していない状態である。
期待された成長が遅れているときにしばしば未熟であると判断される。
こうして「成熟」とは，有機的かつ植物的な成長の概念であることが明
らかになる。

　一方，「成人」とは，自立した責任ある一人の社会人として受け入れ
られる状態を示す。逆の意味は当然「未成年」であり，本人の代わりに
保護者や後見人がものごとの決定をすることになる。

　人間は自力だけでは生きていけない状態で生まれ，古い世代の者の手

　★ボルノー（Otto Friedrich Bollnow, 1903～1991）：ドイツの教育哲学者。
1953年以降，テュービンゲン大学の哲学と教育学の教授を務める。実存哲学と
教育学の関係についての論究が戦後ドイツ教育学や日本の教育学界に大きな影
響を与えた。教育学的主著は『実存哲学と教育学』『教育を支えるもの』。連続
的教育では捉えきれない出会い・覚醒・危機といった教育的事象を，「非連続
的形式」の実存的教育学として提言した（第５章参照）。たとえば出会いにつ
いて，教育者は出会いを作ることはできず，出会いの準備をなしえるだけであ
る。しかし実存的出会いが生起したときには，教師は生徒の実存に起こってい
ることを支え，助け育てなければならないとボルノーは主張した。

第一の定義＝幼い子どもを手助けする仕事

助けによってはじめて自分で生きていくことができる。このように，幼い子どもが十分に生活できるように手助けをする仕事が，個人主義的な「教育」として定義づけられる。

2　教育の定義（その2）

集団主義的な定義

　教育は集団や組織という視点からも考えられねばならない。なぜなら，人間は一人で生きていくことはできず，必ずや社会の一員という側面も大切な要素になるからである。

　国家，企業，さまざまな組織は，たとえば職人，医者，教育者等を養成しなければならない。そこでは，「次の若い世代」が引き継ぐことが

できるように教育されることが求められる。ここに教育の第二番目の定義，すなわち古い世代が新しい世代の成員に，社会全体の中での役割を継続させることを可能にすること，つまりは後継者養成という大切な機能が出てくる。

　第一の個人主義的な「教育」は，個人の中の能力を発展させ，その可能性を最大限引き出そうとする。第二の集団主義的な「教育」は，人間を可能な限り社会に役立つ存在にすることを目指す。

　こうしたまったく異なった価値観を持つ二つの教育の定義が存在するのであるが，どちらの要素も必要であると**ボルノー**は考えており，私たちは現代社会において，両方が矛盾なく満たされる教育を実現していくことこそ重要となる。

第二の定義＝新しい世代の成員の育成

3　教育の必要性と可能性について

　人間とは，はじめから教育を必要とする存在と捉えられなければならない。こうした考え方は新しいものでなく，すでに**コメニウス**（→45ページ）や**カント**（→11ページ）も，「人間とは教育されなければならない存在である」という趣旨の発言をしている。

　従来，人間は教育を必要とする存在であるという考えは，多くは「欠陥存在」としての人間を前提に主張されてきた。つまり，人間とは頼りない存在として誕生するために，教育によってはじめて生きることができるようになると解釈されてきた。

　しかし哲学者の**プレスナー**（1892〜1985）や**ゲーレン**（1904〜1976）の，「人間は生まれながらに文化的な生物である」という主張によって，教育における人間理解が大きく変化してきた。

　動物学者の**ポルトマン**（1897〜1982）によれば，人間には動物のよう

人間にとって教育は必要不可欠である

な毛皮が欠如しているというある意味での欠陥は，逆に感覚機能の増大という利点と結合しているために，むしろ人間の可能性の現れであるという。

　すなわち，欠陥をより高い仕事によって補うという意味で，人間はたえず新たなものに向かって努力する生物であり，不完全ではあるが，そのためにこそ無限の可能性に満ちた生物なのである。一方，他の動物は本能で生きているという意味で，完成した在り方であるといえよう。

4　教育における遺伝と環境の問題

遺伝重視の思想

　「瓜(うり)のつるには茄子(なすび)はならぬ」。遺伝の側に比重を置くと，**優生学**（人間の遺伝的素質を向上させ，劣悪な素質を排除することを目指した学問のこと）につながってしまう。哲学者**プラトン**（→23ページ）は非常に優秀な者同士を結婚させるという理想国を考えたという。

　遺伝重視を進めると，教育は遺伝された素質の制約の中でのみ可能と

「瓜のつるには茄子はならぬ」

なるので，極端にいえば教育無用論が登場する。

環境重視の思想

　「氏より育ち」。環境的な要因は私たちが意識して変化させることができるという思想には，たとえば次のようなものがある。

○「人間は環境によって規定される」という環境万能論を説いたフランス啓蒙思想のエルベシウス。

○「輻輳説(ふくそうせつ)」＝遺伝と環境の両要因は協同して発達のために機能すると考えたシュテルン。

○遺伝と環境にすべてが拘束されるのではなく，子どもの「意志力」を信頼して，教育における「意志」の重要性を認識し，そこにさらに働きかけるべきとした**フランクル**。

○「孟母三遷の教え」＝古代中国の思想家である**孟子**の母が，孟子の教育のために良い環境を求めて３度住居を引っ越した（墓場，市場，学校）という故事。

「孟母三遷の教え」

5　生理的早産

　スイスの動物学者**ポルトマン**は「人間は**生理的早産**の状態で生まれて
くる」といった。

　人間の赤ちゃんは他の哺乳動物よりも未熟な状態で生まれ，その後生
きるために必要な成長が急激に起こる。一方，馬や牛などの赤ちゃんは，
誕生して数時間後には自ら立ち上がり歩行を始める。

　これの意味するところは，誕生後の人間の赤ちゃんだけが他の動物の
赤ちゃんと比べて，比較にならないほど高い形成の可能性を持っている
という人間学的な重みである。

　この生物学的解釈によって，「教育の可能性」と「教育の必要性」は，
はじめから人間の身体の成立過程に深く根ざしていることが理解できる。

　人間の子どもは，他の哺乳動物が胎児の間に完了してしまうことを，
一部，未完成のまま出生してくる。それゆえに，その未完成の部分は，
人間社会という豊かな文化環境から得られる刺激によって，最後の仕上
げがなされるという利点を持っている。

　つまり，人間は，ひ弱な生命力のない形で出生するという危険を冒し
てまで，柔軟で可塑的な遺伝形態を選択した動物であるといえるだろう。
生理的早産は，遺伝子による制約をはるかに超えた豊かな社会的文化的
環境からの学習を可能にしているのである。

生まれてすぐ立ち上がる馬と未完成の人間

6　人間は教育によってのみ
人間となることができる

　プラトンの著書『法律（ノモイ）』には，「人間は正しい教育を受け，幸運な資質にめぐまれればこの上もなく神的な温順な動物となるが，十分な教育を受けず，美しく育てられなければ地上で最も狂暴な動物となる」とある。コメニウスは『大教授学』のなかで，「人間は教育によってのみ人間となる」と述べる。

ルソーは，主著『エミール』で「万物をつくる者の手をはなれるとき
すべてはよいものであるが，人間の手にうつるとすべてが悪くなる」
「植物は栽培によってつくられ，人間は教育によってつくられる」と述
べた。

　一方，カントは教育学的著作『教育学講義』のなかで「人間は教育さ
れなければならない唯一の生物である」「人間は教育によってのみ人間
となることができる」と主張している。人間だけが他の生物と異なり教
育される必要のある唯一の生物であるという旨だが，それは，教育を受
けずにただ一定の時間が経過すれば，自ら人間になることは不可能であ
るということを意味する。

ルソー（Jean-Jacques Rousseau, 1712～1778）

　啓蒙思想全盛の18世紀にフランスで活躍した社会思想家。スイスのジュネーブに時
計職人の息子として生まれる。1750年に『学問芸術論』を発表し思想界で注目される。
1762年に相次いで公刊した『社会契約論』と『エミール』はルソーの主著で，それぞ
れ社会改革と個人主義教育を主題とする。『エミール』では性善説の立場から合自然
的な自然主義教育を唱えた。また道徳的判断の性急な教え込みを避けて感覚的教育を
優先するため，その教育論は消極教育ともいわれる。ルソーは子どもには大人と異な
る成熟があるとして，子どもの年齢段階に応じた成長課題を設定し，さらに子どもの
権利を主張したため「子どもの発見者」と呼ばれる。

カント（Immanuel Kant, 1724〜1804）

　18世紀ドイツを代表する啓蒙思想家。大陸合理論とイギリス経験論を統合してドイツ観念論を確立。思想的特徴は，①理性の機能と限界の検討，②道徳律（仮言命令「もし……ならば，……せよ」（条件的）と定言命令「……せよ」（無条件））の問題，③自由の問題，④国際平和への思想（『永遠平和のために』），⑤他のドイツ観念論者（フィヒテ，シェリング，ヘーゲル）への影響を挙げることができる。『教育学講義』（1804）で教育の必要性を主張した。

7　アヴェロンの野生児

　人間だけが本能的に固定されないという意味で，ここに人間の教育可能性が生じる。

　成人が子どもに関わらなければ，子どもは人間としての現実性を獲得してゆくことは不可能となる。

　1799年にフランスのアヴェロンの森で野生化した少年が発見された。医師イタールはこの少年を保護し，人間社会に適応していく過程を描いた「アヴェロンの野生児についての報告と記録」は『アヴェロンの野生児』として出版された。

その報告によれば，幼児期に何らかの事情で母から離されて野獣の群れのなかで育った少年は人間の姿はしていたが，現実には野獣そのものであった。5～6年間，教育を施したが，とくに言語については，「言語獲得の臨界期」を過ぎていたので，ほとんど回復はなく，会話は不可能であったが，身振りでコミュニケーションをとることができた。

　なお，1920年にインドで発見された**アマラ**（推定年齢8歳）と**カマラ**（推定年齢1.5歳）が狼の家族に育てられたという内容のアーノルド・ゲゼル著『狼に育てられた子』は，現在では真偽のほどが疑問視されているので，ここではこれ以上紹介することは控える。

第2章

教育の源流

1 ソクラテスの「無知の知」

　毒杯をあおいで死んでいった教育思想家ソクラテスは彫刻家の父と助産婦の母の間に生まれた。

　友人からデルフォイでのアポローンの神託を知らされて以来，ソクラテスは「無知の知」の自覚へと青少年を導くことに努めた。「無知の知」とは，自らの無知を自覚することで本当の認識に至ることができるとする，ソクラテスの真理探究の考え方である。

　「無知の知」の自覚のきっかけとなったデルフォイの神託は，「ソクラテス以上の知者はいない」というものであった。世間的には賢者といわれている人々を訪ねて歩いた結果，彼らの方は「何も知らないのに知っていると思い込んでいる」ことにソクラテスは気づいた。それに比べて

ソクラテス（Socrates, BC470～399）

　古代ギリシア，アテネの哲学者，教育思想家。弟子のプラトンによってその言行録が克明に遺されている。

自分は自らの無知を自覚している，すなわち「無知の知」の自覚という一点で，彼らと異なっていることに気づいたのである。

青少年の「俗見（ドクサ）」を吟味

　具体的には，ソクラテスの仕事の核心は青少年の**「俗見（ドクサ）」**を吟味することだった。ドクサとは，世間の常識や社会通念であり，私たちはこうした「俗見」に媒介されて，世間とつながっている。世間一般の生活や日常的な生活では，「そんなふうに思われている」という常識で，すべてが運ばれている。

　しかし，その状態から抜け出して「本当のところはどうなんだ」と追求してゆくことが学問であり，知識の追求なのである。

2　相手のうちに蔵されている可能性を「引き出す」こと

　教育の役割とは，人にたんに知識を「授ける」ことでなく，相手のうちに蔵されている可能性を「引き出す」ことである。**反駁**を通してこの仕事を遂行することが真の教育であるとソクラテスは考えた。

　ドクサによって，私たちは，世間一般の卑俗で常識的なものの見方にどっぷりと漬かりきって，真実の世界を見ることを妨げられている。このドクサを取りのけた後に，はじめて本当に美しいものを美しいと見る眼が開けてくる。

　本当に美しいものを美しいと見ることを妨げている手垢を一つひとつ取りのけてゆくことこそが，教育の仕事であり，その方法的な反駁が教育の過程なのである。これを**問答法・対話法**と呼ぶ。

開発主義と注入主義

教　育（広義）	
開発主義	注入主義
学習者中心	教育者中心
学習者次第	教育者次第
児童中心	教師中心
経験主義	教科中心
経験主義	系統主義
〈学　習〉	〈教　育〉（狭義）
性善説的	性悪説的
＊めだかの学校型	＊すずめの学校型

　当時ソクラテスと教育的に対立していたのが，ソフィスト★であり，注入主義の立場をとった。

　他方ソクラテスは問答法・対話法を実践して，**開発主義**の立場を主張した。

開発主義の教育観

　開発主義とは童謡「めだかの学校」の歌詞「だれが生徒か先生か」という言葉で表されるように，児童中心主義の教育のことを指す。これは，「子どもの無限の可能性」を信ずる教育観であり，ソクラテスの思想に端を発する。人間や子どもは元来，善であるとする性善説である。孟子の性善説とも比較できるだろう。

注入主義の教育観

　注入主義とは童謡「すずめの学校」の歌詞「すずめの学校の先生は，むちをふりふり……」という言葉で表されるように，教師中心主義の教

　★ソフィスト：紀元前5世紀頃のギリシアで，人々に知識を授けて礼金をとっていた職業教師で一種の啓蒙家。「人間は万物の尺度である」の言葉で有名なプロタゴラス（Protagoras, BC490頃～420頃）は，ソフィストの代表者で，プラトンの対話篇の題名になっているほど。

開発主義の立場

注入主義の立場

育のことを指す。これは，元来子どもは生まれたままでは動物と同じで
あり，教育を受けてはじめて人間となりうるという教育観であり，ソフ
ィストの思想に端を発する。人間や子どもは元来悪であるとする性悪説
である。荀子の性悪説とも比較できるだろう。

3　ソクラテスの助産術

ソクラテスの母親は**助産師**（産婆）であった。助産師の仕事とは，妊
産婦に対して，また胎児に対して，肉体的・精神的に働きかけることで
ある。母体の妊娠が健康に行われるように配慮することである。臨月に
なると母体内の胎児は産道を，頭を下にして安らかに生まれ出るように
方向づける手当をする。とくに逆子の場合には，助産師は方向転換を施
すことが求められる。

　ソクラテスはこうした助産師の仕事を教育の仕事に結びつけて彼の教
育哲学を構築していった。母親は児童生徒，助産師は教師，生まれ出た
赤ん坊は真理にそれぞれ対応している。こうした助産師が児童中心主義
の原型となり，学習支援や学習指導等に翻案されていったのである。

　ソクラテスの弟子であった**プラトン**は，ソクラテスの言行録を克明に
記録していた。『**メノン**』においては，対話による問答法で本人の無知
を悟らせ，知恵（ソフィア）を求めさせた。これは，内的な自省を通し
て真理の獲得に至らせる方法である。またそのことにより，本人に自発
的な思考を産み出させた。

　まず相手が持っているドクサを「行き詰まり（アポリア）」に陥らせ
る。このことを「論破」という。今まで持っていた人々の知識を論破・
吟味する。論破は，無知な人間を，知ったつもりでいる非生産的な状態
から救い出し，「無知の自覚」という生産的な状態へ導き出す。そのう

えで，建設的な示唆を与え，真理の発見に向かうように助けてゆく。

　以下では教育哲学者，村井実の論考（『ソクラテス』上・下，講談社学術文庫）に従いつつ，二人の師弟関係の間で産み出されてゆく一つの真理概念を中心にその対話のプロセスを要約し，再現してみよう。

4 『メノン』にみる問答法

ソクラテス：一辺が一メートルの正方形ＡＢＣＤがある。この面積の二倍の正方形はどうしたら，描けるかな？

少年：（少し考えて）各々の辺を二倍にすれば，広さも二倍になると思います。

ソクラテス：それじゃ，ＡＢ，ＡＤを二倍にしてできる正方形を書いてみよう。すると，ＡＢＣＤの正方形が四つできたね。各辺を二倍にして，果たしてＡＢＣＤの二倍の広さだろうか？

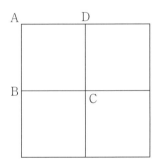

　ここで，少年は自分のドクサが行き詰まることを知る。ソクラテスは，けっして「おまえはまちがっている」とは言わない。問い続けてゆくことによって，少年自らが自分のまちがいに気づいてゆく。

　少年ははじめ正方形の二辺を二倍すれば，面積も二倍の広さになると思いこんでいた。そういう知（俗見）を否定して，自分は知において貧しいものだと自覚することを「無知の知」という。いわばソクラテスは少年を「しびれさせた」のである。しかし，この教育的行為を，他のソフィストや大人たちが誤解して，ソクラテスはアテネの少年をたぶらかす者だ，ということで，毒杯を飲まされて殺されてしまったのである。

再び村井に従いつつ，ソクラテスと奴隷の少年の対話を続けて聞いて
いみよう。

ソクラテス：じゃ，これからどういうぐあいに進むか，よく見ててごら
ん。私は質問するだけで，何も教えないし，君（少年）はただ私と一緒
に探究するだけだ。ＡＢＣＤと同じ正方形を，加えてみよう。もう一つ。
そしてもう一つ。これで，おおきな正方形ＡＥＦＧはもとのＡＢＣＤの
何倍だろう。

少年：四倍です。

ソクラテス：ところで，私たちは，二倍
の正方形がほしかった。覚えているかね。
すると，この隅Ｂから隅Ｄに引いたこの
線は，正方形ＡＢＣＤを半分にしている
のじゃないだろうか。

少年：はい。

ソクラテス：そしてこの四つの同じ線Ｂ
Ｄ・ＤＩ・ＩＨ・ＨＢは，ここに「正方
形ＢＤＩＨ」を作ることになるだろう。

少年：そうなります。

ソクラテス：その広さがどうなるか，よく考えてごらん。

少年：わかりません。

ソクラテス：四つの正方形はこの線で半分ずつになっているんじゃない
か。

少年：はい。

ソクラテス：すると，正方形ＢＤＩＨはもとの正方形ＡＢＣＤの何倍か？

少年：二倍です。

助産術のたとえ

　以上がソクラテスと少年の対話の要約である。ここから，この少年は一つの真理を学んだ。すなわち，少年の魂のなかにまどろんでいた真理を，「想起する」こと（自分がもっているものを想い起こすこと）ができたのである。

　そこで，ソクラテスは何をしたのか？　彼は，産婆・助産をしたにすぎない。少年が真理を産むのを助けた。ここで，今までのところをまとめてみよう。

　今まで持っていた人々の知識（俗見）を「論破」し吟味する。このことは，人々を，「無知の自覚」へと至らせる。その手段として，いろいろな角度から質問する。

　助産術によって，知へのてがかりへと導く。「すでに私は知っている，これは自明のことだ」という在り方をいったん根本から否定する。論破は，無知な人間を知ったつもりでいる非生産的な状態から救い出し，無知の自覚という生産的な状態へと導く。うまく進めば，真実に「生産的な瞬間」が現れる。これがソクラテスの助産術である。

「俗見」とは，吟味を加えられていない見解のことである。たとえば，太陽が地球の周りを動いている，とか地球は平たいなどというのは，過去の歴史の人々は当然のこととして理解していたが，現代人が聞くと，ひじょうに陳腐なこととして感じられる。私たち教育者の使命とは，こうしたさまざまな「俗見」をゆさぶり，打ち砕くことにある。

　おうおうにして「○○してはいけません」とか「おまえはどうして○○ができないのだ」など，学校や家庭ではこういう否定的イメージを植えつけるような「やりとり」が習慣化している。さらに，学校や社会などの管理社会では，「○○しなければならない」などの人生訓がまだまだ幅を利かせている。こうした関わり方は，社会への適応という側面からみれば，一見役立つ。しかし他方では，大きな害になる。なぜなら，こうした生き方は，子どもたちの真の自己実現をはばむからである。

　こうした消極的で否定的な心構えは，人間を卑屈にしてゆく。その枠からはみ出してはいけない，という教育を私たちの時代には変革してゆかねばならない。その意味で肯定的で積極的な言葉を子どもたちに語りかけてやることが重要である。

5　ドクサとエピステーメー

　プラトン★はドクサに対して，情報を理性で判断した後の客観的な知識（誰もが納得する知性）を対置し，エピステーメーと呼んだ。

　「善く生きる」ためにはドクサ（思い込み）を退け，理性によってエピステーメー（正しい知識）を獲得しなければならないとプラトンは考えた。たとえば人魂を見て，「幽霊だ」「怖い」と思う人がいる一方で，もしも私たちが正しい知識を持っているならば，「人魂はリンでできた現象だから幽霊ではないので怖がる必要がない」と思うことができる。

思い込みと正しい知識

6 イデア界への志向

『国家』（『国家篇』）は**プラトン**の著作で，原題は『ポリティア』。伝統的な副題は「正義について」という10巻からなる対話篇で，プラトンの中期の作品と考えられている。

★プラトン（Platon, BC427〜 BC347）：古代ギリシアの代表的思想家。著作は，対話篇を中心として前期，中期，後期に分類される。彼の思想の特徴はイデア論と魂（精神）の不死である。代表的著作『国家』では，教育を受ける者と受けぬ者の相違を示すために「洞窟の譬喩」が展開される。この比喩では感覚による認識から思惟による認識（＝イデア的認識）へと人間を向上させることこそ教育であることが示される。彼はアカデメイア学園を創設し，アリストテレスなどを育て，数学を重視した。この学校は中世初期（AD529）まで存続した。ルネサンス期においても彼の思想の復興が見られ，西欧文化に与えた彼の影響は計り知れない。代表的著作は『ソクラテスの弁明』『メノン』『法律』などがある。

「洞窟の譬喩」はその第7巻に使用された有名な譬喩である。人間は生まれつき手足を鎖につながれ，イデアの影に過ぎない感覚的経験を「実在」（真理）と思い込んでいるに等しいとプラトンは考えた。そして一般の人々が持っている幻影の誤りを指摘し，イデア界への志向を教えることこそが愛知者としての哲学者の使命であると考えたのである。イデア界が太陽の世界であるならば，可視界は地下の洞窟の世界となる。

　プラトンは肉体や感覚によっては捉えることができず，ただ理性によってのみ捉えることのできるものをイデアと呼んだ。たとえば，さまざまな三角形がすべて「三角形」に見えるのは，それらの奥に「三角形のイデア」を私たちが把握しているからである。

　「洞窟の譬喩」は，プラトンの明確な証言に基づけば陶冶（人間形成）の本質を直観的に示すものであり，陶冶と真理の間には本質的な関わりが存在し，その橋渡しをするものこそがパイデイア（教育・教養）なのである。

　プラトンによれば，パイデイアとは全人間の本質における転向への導きである。つまりパイデイアとは，人間の個性を覚醒させ，本来の方向に向け変えて，真の認識に慣らす過程のことである。そこから転じて，広く教育や教養を意味するようになった。従来の考え方や在り方が変わ

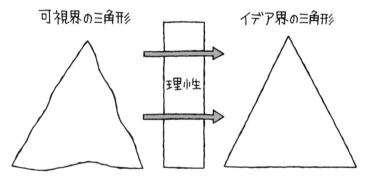

ゆがんだ三角形を三角形とわかるのは理性によって三角形のイデアを捉えているから

ることによってのみパイデイアは可能となる。

　ちなみに「パイデイア」という概念に最も近いドイツ語は「ビルドゥング（Bildung）」（陶冶・形成）ということになる。

7　洞窟の譬喩

第 1 段階

　それでは「洞窟の譬喩」について詳しく見ていこう。人々が洞窟内で縛られている状態から説明が開始される。そこでは道具類の影しか見ることが許されていないので，人工の光によって生じる道具類の「影」を「真実」と思い込んでいる。

第 2 段階

　ところが第 2 段階において，人々の束縛が解除されることになる。人々は今や部分的に自由の身であるにもかかわらず，なおも洞窟内に閉

第 1 段階：人は影しか見ることを許されない

第2段階：身を向け変える

じ込められたままの状態である。

　しかしここではあらゆる方向に身を向け変えることができるようになり，その結果，彼らの背後を運ばれて通り過ぎる「事物そのもの」を見る機会が与えられる。

　以前は「影」だけにしか眼を向けることができなかった人々は，ここではじめて「存在」するものに接近することになる。洞窟内の松明という人工的な光ではあるがその存在（形）を呈示し，その事物はもはや影ではないことを悟る。真実の存在（物）と対面するのである。

第3段階

　第3段階は，束縛から解放された人々が今度は洞窟の外，すなわち自由な開かれた場に出たところから始まる。

　地上には本物の太陽の光が輝いており，事物そのものの理念が本質を呈示している。これは洞窟内の人工の光に照らされて見える「事物」以上に「真理」に近いものとなる。

第3段階：真実の世界を知る

　陶冶・形成の本質は，「真理」の本質に基づいており，しかも同時に忍耐と努力の度合いもそれに比例する。それとともに，この「向け変えること・転向」としての**パイデイア**も次元的に深まっていく。

ここまでのまとめ

①太陽：善そのもの，**イデア**のこと。

②影：火から投影された快楽（物質欲，金銭欲，権力欲）。

③影を見る人：影（快楽）こそが真実であり価値があると思い込んでいる人。

④背後にある火：善に近い光（太陽と異なり一定の範囲しか照らせない）。

　洞窟の中の人々は享楽的な快楽にふけり，彼らはその快楽こそが真実だと思い込んでいる。そのような状況から，太陽のあるところまで導く役目が「リーダー」である。そのリーダーは善そのものの光を知っているからこそ，中にいる人々を外へ連れ出したいと望んでいる。

8　全人間の本質における転向への
導きとしてのパイデイア

　パイデイアの本質は「全人間の本質における転向への導き」である。
　プラトン自らの解釈にしたがえば，パイデイアの本質を直観的に示そうとするこの「洞窟の譬喩」は，洞窟からの脱出をもって成就されたのであるが，それでこの物語は終わらなかった。そこにはどのような意味が存在するのか？

「洞窟の譬喩」の第4段階
　最後の第4段階は，解放された人々が洞窟内のまだ縛られている人々の元へ再び降りて帰っていく次第を描写している。
　解放された人々は今や縛られている人々の非真理に気づかせ，隠れないものへと導きあげる使命を帯びることになる。
　しかし太陽の光のもとで真理を見出した解放者は，洞窟内の人々の非真理に気づかせることは容易でなかった。地上とは勝手が違い，洞窟内の現実的要求に負けてしまうおそれもある。
　洞窟内での解放者にとって，あらゆる解放に反抗する閉鎖的な洞窟内の人々との間の争いが生じてしまい，場合によっては洞窟内で，真理の解放者は殺される危険性さえ孕んでいる。
　プラトンの教師であった真の哲学者**ソクラテス**は，まさしくこの危険性のゆえに毒杯をあおいで死んでゆかねばならない運命にあった。
　プラトンは「洞窟の譬喩」において，教育とは魂全体を「闇」から「光」の根源へと「転回」することであると説明した。そして「転回」においては，人間が向かうべき目標が常に考えられていた。

第 4 段階：解放者となる

第3章

教育の歴史

1　古代ギリシアの教育

　エーゲ海沿岸付近に定住した**ギリシア人**は，紀元前10世紀頃から**ポリス**，すなわち都市国家を形成した。

　すでに初期ギリシア時代には，民族性も生活形態も異なった二つの代表的なポリスが存在していた。一方は厳格で貴族的な軍事国家**スパルタ**で，他方は自由で民主的な法治国家**アテネ**だった。

　スパルタは厳格そのものであり，権力優先主義であった。プルタルコスの『英雄伝』に記されている「リュクルゴスの法」によれば，男子は生まれてから30歳の成人に至るまでを公舎で暮らし，戦士として鍛えられた。個人はあくまでも国家のために存在するという考え方で貫かれていたのである。

民主的な法治国家であったアテネのアクロポリス

水平のベクトルが特徴のパルテノン神殿

　また「リュクルゴスの法」によると，生まれた子どもは厳しく審査され，健康な者のみに生きる権利が認められ，それ以外の子どもは抹殺されたという。

人間中心の調和的発達を特徴とする古代ギリシア

　アテネはスパルタに比べて個人が尊重され，そこから独自の精神文化を成立させた。

　アテネでは，「人格の円満な発達」を目的とする教育が展開されており，そこでは人間中心の**ヒューマニズム（人文主義）**の調和的発達が前提とされた。その意味でアテネは，デモクラシーの国家を世界で最初に建設した民族である。

　スパルタやソフィストといった例外はあるものの，古代ギリシアの主たる特徴は，人間中心のヒューマニズムであったといえよう。

2 実用面に秀でた古代ローマの民族

　古代ローマの人々はギリシアに比べて実際的な技術に秀でていた。しかし他方，文化・思想面ではギリシアを超えることはできず，その多くは模倣に終わった。

　ローマ時代は紀元前8世紀頃に始まり，紀元476年の西ローマ帝国の滅亡とともに終焉した。

　ギリシアの教育がとくにその文芸的，哲学的，教養的なものの発展によって世界に貢献したのに対して，ローマの主たる関心は客観的で実用的・実科的な生活の実現に向けられていた。

　彼らは国家建設に秀でた民族で，たとえば土木建築等の実用面に優れ，各地に道路・水道を敷いたほか，闘技場・浴場・凱旋門など，壮大な公共建築物を建設した。また法体系の整備にも力を注いだ。

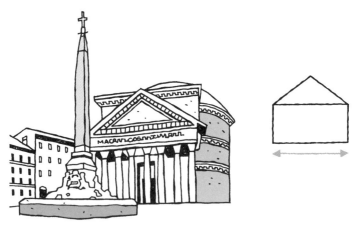

水平のベクトルが特徴のローマ，パンテオン神殿

古代ローマの壮大な公共事業，コロッセウムと街道

　「すべての道はローマに通じる」 とはラ＝フォンテーヌ『寓話集』の言葉である。ローマ帝国の全盛期に世界中のすべての道がローマに通じていたことが，物事が中心に向かって集まることのたとえとされた。この言葉が今日まで伝えられるほど，ローマの土木建築能力は優秀であったことが理解できよう。

キケロ

　ローマ共和制時代の終末期頃に活躍した**キケロ**は，教養豊かな権勢ある政治家，輝かしい雄弁家，著作家であるだけでなく，哲学者，教育理論家でもあった。ギリシア精神とローマ精神の融和・融合を目指して奮

キケロ（Marcus Tullius Cicero, BC106〜BC43）

闘努力した有能多彩な人物であった。

　キケロは，その後2000年にわたって重要な教育理想として尊重された人文主義的な教育の理念を最初に明確に理解し根拠づけた人物といえる。主著の『雄弁家論』に見られる人文主義教育の主張は，文芸復興期以後の教育論の源流となる。また彼の文章はラテン文の模範とされた。

クインティリアヌス

　帝政時代の最も重要なローマの教育学的理論家は**クインティリアヌス**である。彼はスペインで生まれ，ローマで法律家の修業をした後，同地で修<ruby>辞<rt>しゅうじ</rt></ruby>学校を開いた。知識と道徳の統一者であり，ローマ帝政時代の<ruby>勅任<rt>ちょくにん</rt></ruby>雄弁論講師（国の補助金を下付された修辞学教師）であった。

クインティリアヌス
（Marcus Fabius
Quintilianus, 35?〜100?）

　ローマでの彼の20年間の修辞学教師としての体験は，彼の主著『**雄弁家の教育**』に収められている。この書物は一般教育学や弁証学の思想分野で充実した価値ある文献として，その後もとくに人文主義者たちに重要な教育学的権威をもって重視された。

3　中世のキリスト教と教育思想

　ヨーロッパの中世は，およそ 4 世紀末葉から14世紀までの約千年間を指し示す。中世は，313年のローマ帝国のキリスト教公認および375年のゲルマン人の大移動をも包含する，キリスト教文化と封建体制の社会だった。

ロマネスク様式とゴシック様式

　ロマネスク様式は，10世紀末から12世紀のヨーロッパで展開された芸術様式で，教会堂は石造天井を基本とし，まだ後の**ゴシック様式**ほど尖塔アーチ等の上昇感は強調されていない。ロマネスクの建築としては，ドイツのマリア・ラーハ修道院が挙げられる。

垂直のベクトルが見え始めるマリア・ラーハ修道院

　ロマネスク様式に次ぐゴシック様式は，12世紀中葉に北フランスで始まり，ルネサンス期に至るまで全ヨーロッパに浸透した芸術様式で，これによって教会の規模を大きくし，尖塔アーチの使用と大小の塔による上昇感を強化し，神への信仰をより強調することが可能となった。ゴシックの建築としては，パリのノートルダム大聖堂やイギリスのウエストミンスター寺院，ドイツのケルン大聖堂が有名である。

垂直のベクトルが強調される，ケルン大聖堂とノートルダム大聖堂

アウグスティヌス

　アウグスティヌス（354～430）は，初期キリスト教会の偉大な思想家である。若い日にマニ教に奉じるが，後にミラノでキリスト教の洗礼を受けて回心。生地である北アフリカに帰り，ヒッポの司教に就任し，同地で没した。主著には『告白』や『神の国』等がある。

騎士の教育

　中世の騎士は君主への奉仕者として，**騎士道**を尊重した。それは武技・宗教・礼儀の三要素から成り立つ。宮廷の生活を通して，王侯の小姓（7～14歳）となり，騎士の従者（14～20歳）として武芸に専念し，ようやく騎士（21歳）となれた。騎士七芸とは乗馬・水泳・弓術・剣術・狩猟・チェス・詩を意味する。

七自由科

　中世の教育で中等以上の学校のカリキュラムの中核に位置した教科目を**七自由科**という。6世紀のローマ人，カシオドルスが修道僧の学問のために確立した。文法・論理学・修辞学の三学科と，算術・幾何・天文・音楽の四学科に分かれて成立していた。

4　ルネサンス・宗教改革の人間観と教育思想

　中世社会はカトリック教会の権威と封建制度によって抑えられていたが，千年間の長い時を経てヨーロッパにおけるルネサンスと宗教改革が起こった。

　ルネサンスは歴史上14世紀から16世紀前半に生じた文化的傾向の総称で，古代ギリシア・ローマの文学・芸術の再生運動だった。

文学・芸術の再生運動としてのルネサンス

　ルネサンスの特徴の一つは，中世には見られなかった新しい世界観・人間観としての**ヒューマニズム**，すなわち人文主義である。それは現世に生きる人間を中心とする世界観・人間観であり，中世のような来世に救いを求める宗教的・教会的世界観とは大きく異なっていた。

　ルネサンス当時のヒューマニズムや人文主義的教育は，第一に，幅広い教養を身につけることを教育の目的とし，古典，とくに**キケロ**，**クインティリアヌス**などのローマの古典，あるいは**ホメロス**，**プルタルコス**などのギリシアの古典が重んじられた。

　第二に，ヒューマニズムの教育は，人間尊重の立場から，個性ある人間形成を目指し，幅広い教養と同時に強健な身体をつくりあげることを重視した。中世の教育が体育を軽視したのに対して，ルネサンスの教育は人間の均整のとれた美しい肉体の発達を人間の理想の一部と考えたのである。

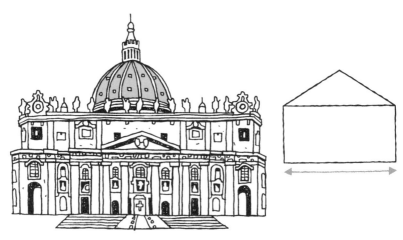

再び水平のベクトルとなるルネサンスの建築サン・ピエトロ大聖堂

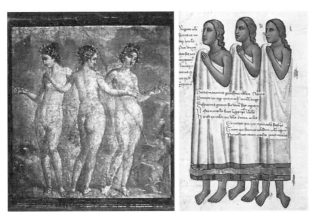

古代(左)と中世(右)の三美神

ルネサンスの三美神（ボッティチェリ「春」）

三美神の変遷

　古代ギリシアは肉体を重視したため三美神もふくよかであるが，中世では肉体を軽視したために三美神に衣が着せられ，肉体美に価値が置かれていない。さらにルネサンスでは古代美への回帰として，人間の均整のとれた美しい肉体の発達を人間の理想の一部と考えた。

「アテナイの学堂」

　バチカンの宮殿内に所蔵されている。ルネサンス期イタリアの画家ラファエロのもっとも有名な絵画の一つ。1509〜1510年製作。中央の二人，プラトンが指を天に向けているのに対し，アリストテレスは手のひらで地を示している。これはそれぞれ，観念論的なイデア論哲学と実学的な哲学を象徴している。階段を境に，上に哲学者（形而上学）たち，下に自然科学者（形而下の学）たちが配置されている。

ルターの宗教改革と教育思想

　イタリアを中心とする「南欧のヒューマニズム」は，個人の教養の形成に重きが置かれたため，芸術的な面でのルネサンスとなった。

　それに対して「北欧のヒューマニズム」は社会的人文主義として社会の宗教的・倫理的改革を目指す運動となり，これが宗教改革へとつながっていく。

　16世紀の初頭，ドイツは諸連邦に分裂し政治的統一性が喪失され，そのためにローマ教皇の搾取が強烈であった。たとえば当時のドイツの富の7割は教会や修道院に属するといわれている。ローマ・カトリック教会の腐敗は，やがてドイツの人々の反感を買うことになる。

　こうした背景のもとで，ローマ教会の改革に乗り出したのが，1517年に始まるルターの宗教改革だった。

　当時，ローマのサン・ピエトロ教会建設の資金を集める目的で「免罪符」が販売され，その購買によって信者の罪が許されると宣伝されていた。ルターはこれに反対し1517年10月31日に95か条の提題をヴィッテンベルクの教会の扉に掲げて宗教改革に踏み出したとされる。

ルター（Martin Luther. 1483〜1546）

「人は信仰によってのみ義とされる」。これがルターの主張の原理であった。彼は初等教育のテキストとして教育的主著『教義問答書（カテキズム)』を著した。また公教育制度について，国家が学校を設立し，すべての男女に無償の普通教育を受ける義務と権利を求めていった。

5　バロックという時代精神

バロックとは，ルネサンス様式への反動として生じた17世紀の美術を含む精神活動であり，ルネサンスの調和・均整・完結性に対して，流動感に満ち，コントラストに富んだ生命力と情熱の表現をその特徴とする。

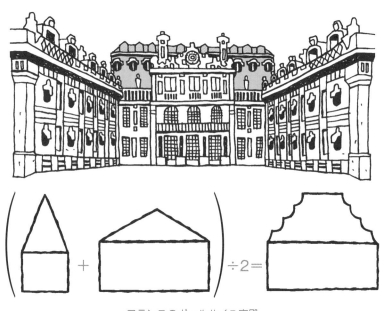

フランスのヴェルサイユ宮殿

（中世＋ルネサンス）÷ 2 ＝バロック

　ボルノーによれば**コメニウス**は，偉大な秩序がすべての存在を自然であれ人間であれ同様に貫き通し，すべてを同じ法則で形成していると，バロックの形而上学的意味において確信していた。

　つまり，超越的な神を目指す垂直軸を象徴する中世のキリスト教精神と，人間中心主義（ヒューマニズム）を目指す水平軸を象徴するルネサンス的精神が激しく波動状にぶつかり合い，そこに生じた新しい時代精神として，バロックが位置づけられる。

バロックの代表的教育思想家コメニウス

　近代教授学の祖として知られているコメニウスにとって，人生最高の目的つまり教育の究極の目的とは，神と一つになって来世において永遠の浄福を獲得することであり，現世の生活はその準備にすぎなかった。

　人は現世において，あらゆる被造物のなかで，理性的（知的）な者，被造物を支配する者，つまり造物主の似像とならねばならないとコメニウスは考えた。

コメニウス
（Johannes Amos
Comenius, 1592〜1670）

『世界図絵』の絵「測量術」

建築様式と人間観

時代区分	紀元前5～8世紀		4～13世紀	
	古代ギリシア	古代ローマ	中世 (ロマネスク)	中世 (ゴシック)
一般的特徴	人間中心のヒューマニズム（人文主義）	土木建築に秀でていた 基本的にギリシアを踏襲	キリスト教中心の文化・社会	
建築様式	水平のベクトル （人間中心）	水平のベクトル （人間中心）	垂直のベクトル （神への志向が始まる）	垂直のベクトル （神への志向がさらに高まる）
	・パルテノン神殿	・コロッセウム ・パンテオン神殿 ・舗装された街道「すべての道はローマに通じる」	・マリア・ラーハ修道院	・ミラノ大聖堂 ・ノートルダム大聖堂（パリ） ・ケルン大聖堂
人間観	人間の肉体に価値が見出された。 ・古代の三美神（ふくよかな肉体）		人間の肉体は軽視された。 ・中世の三美神（衣でおおわれ，ふくよかさのない肉体）	

　コメニウスは，教育目標を「有徳」と「敬信」とし，それに至る手段として，あらゆる事物の秩序や連関を統一する**汎知**（パンソフィア）の会得を提言した。そのための教育方法が主著『**大教授学**』（1657）における，自然界の諸法則の模倣だった。

　また『**世界図絵**』（1658）は「直観」によって汎知を獲得するという原理に基づいた，世界最初の絵入り教科書として有名である。

14〜15世紀	17世紀
ルネサンス	バロック
古代ギリシア・ローマの文学・芸術の再生運動	「超越的な水平軸を象徴する中世のキリスト教精神と，人間性を重視する水平軸を象徴するルネサンスが激しくぶつかり合い，そこに生じた新しい時代精神」（ボルノー）
 水平のベクトル （人間中心）	 （中世＋ルネサンス）÷2＝バロックの波動形
・ローマ・カトリックの総本山サン・ピエトロ大聖堂 ・ダビデ像（ミケランジェロ）	・ヴェルサイユ宮殿
古代ギリシアの価値観を再評価し，人間の肉体に価値が見出された。 ・ボッティチェリの「春」に描かれたルネサンスの三美神（ふくよかな肉体）	

　『世界図絵』はラテン語で「オルビス・ピクツス」といわれ，絵図によって外界の事物を子どもたちに直観させつつ言語を学ばせることができるよう，絵図の後にラテン語とドイツ語で説明が記された。

第 4 章

初期の教育と学習

1　家という保育室

　2006（平成18）年の改正教育基本法の第11条で，新たに「幼児期の教育」が新設された。この事実は，現代において幼児教育の必要性が重要視され始めたことの兆候と受け止めるべきだろう。

> **第11条**　幼児期の教育は，生涯にわたる人格形成の基礎を培う重要なものであることにかんがみ，国及び地方公共団体は，幼児の健やかな成長に資する良好な環境の整備その他適当な方法によって，その振興に努めなければならない。

　ボルノーによれば，**私的領域**内（家庭）に留まるという体験は人生において奪うことのできない前提であり，とくに幼児教育という観点に立脚する場合，幼児の健全な発達はどうしても「家という保育室」なしには考えられない。

庇護感によって子どもは安らぎを得る

　ゆえに**公的領域**（家庭の外の社会）の対極に位置する私的生活の象徴ともいうべき，幼児にとって必要不可欠な「安らぎ」の感情を育む家屋と家族の関わりの考察を深めることが重要になる。

　ボルノー自身の娘を例にとって次のような体験が述べられている。幼い娘が，例えば新聞で見知らぬ政治家の写真などを眼にすると，いつも父親に「これは良い人なの？」と尋ね，彼が娘に応えてやるとはじめて安心したものである，と述懐している。

　この例からも容易に理解できるように，幼児にとって親の世界に属するものは「好きな良いもの」であるのに対して，親が閉め出すものはいつまでも「嫌なもの」であり子どもにとっても警戒すべきものとなる。

　幼児にとって意味を持ち，「安らぎ」を感じつつ住めるような世界とは，特定の愛する人に対する人格的な信頼関係においてのみ開示される世界であり，親への絶対的な信頼によって子どもは庇護感（被包感）を抱くようになる。

2　ペスタロッチの人と生涯

　ペスタロッチはスイスの教育家で「教聖」と呼ばれた。**ルソー**の影響を受け，社会改革と民衆の救済を決意。農村の子どもや孤児の教育にまい進し，その理念は，頭と心と手が調和的に発達した人間の形成にあった。

　フランス革命およびスイス革命を中心に，18世紀から19世紀にかけて活動した人物で，彼の思想と実践は，**フレーベル**（→54ページ）や**ヘルバルト**（→70ページ）に直接影響を与えただけでなく，その後の世界の教育思想界に深く関わっていくことになる。

ペスタロッチはノイホーフで貧民学校などを経営するものの失敗。その後『隠者の夕暮れ』（1780），『リーンハルトとゲルトルート』（1781〜1787）などを執筆。以後シュタンツで孤児院を開設。実際の活動はわずか6か月あまりであったが，当時の幼児教育や初等教育に多大の影響を及ぼした。友人ゲスナーに宛てたここでの実践記録が『**シュタンツ便り**』（1799）である。その後ブルクドルフに学園を開き『ゲルトルートはいかにその子を教えるか』（1801）を執筆。次いでミュンヘンブーフゼー，イヴェルドンに学園を移し，教育実践に力を注いだ。しかしこの学園は教師間の不和などもあり，フレーベルの滞在した1810年頃を頂点として次第に衰退した。学園閉鎖後はノイホーフに戻り，遺著『白鳥の歌』（1826）を公刊した。

ペスタロッチ（Johann Heinrich Pestalozzi, 1746〜1827）

スイスの教育家。「近代教育の父」とも呼称された。墓碑には，「ノイホーフにおいては貧しき者の救済者。リーンハルトとゲルトルートの中では人民に説き教えし人。シュタンツにおいては孤児の父。ブルクドルフとミュンヘンブーフゼーにおいては国民学校の創設者。イヴェルドンにおいては人類の教育者。人間！　キリスト者！　市民！　すべてを他人のためにし，おのれにはなにものも求めず。恵みあれ彼が名に」と刻まれている。

3　信頼の最初の芽

　ペスタロッチは書簡の中で，母親と幼児の交わりから醸し出される
「信頼の最初の芽」がいかに幼児の後の発達に深い影響を及ぼすかを論
じている。

　これとの関連で，ボルノーはそこに「私的領域」の象徴としての家族
関係の重要性を把握している。ボルノーは，彼の大学の同僚である小児
科医のアルフレッド・ニチュケ（1898〜1968）の次のような考え方を紹
介する。

　「母親は，その子どもを気遣う愛情のなかで，信頼できるもの，頼り
になるもの，明るいものの空間を作り出す。その空間へ引き入れられて
いるものは，すべて意味をもち，いきいきとなり，親しみやすいものに
なる」。

信頼の最初の芽を育くもう

これは幼児期の生活が充実するためには，「私的領域」においてのみ生ずる幼児と母親の信頼関係がいかに必要なものかを如実に示す具体例といえる。

4　幼児教育の重要性について

　ボルノーは，世界ではじめて**幼稚園**を創設した**フレーベル**の主張する幼児教育の重要性についても強調している。

　子どもたちが成長するに従って徐々に彼らの「公的領域」が拡大し，子どもたちを脅かす存在が彼らの生に侵入し始める。しかし子どもたちはそのような場面に遭遇しても，「私的領域」という安らぎを覚える世界，たとえば家庭でのみ，とくに小さな子どもたちは健全な生を営みうるという事実はいささかも揺らぐことはない。

フレーベル（Friedrich Wilhelm August Fröbel, 1782〜1852）

ドイツの幼児教育家。遊びの教育的意義を重視し，「恩物」を考案した。1817年に，カイルハウでペスタロッチ主義の学園を開き，1840年，「一般ドイツ幼稚園」を設立した。

「秘密の空間」を自ら創りだす

　それゆえにとくに小さい子どもたちにとって，まずはじめに秩序ある世界の領域を与えることによって外的世界の苛酷な条件に耐えられる力を養うことが家庭教育の主眼となってくる。

　ここでボルノーはランゲフェルド[★]の「秘密の空間」という概念を引き合いに出して，子どもたちがある年齢段階に達すると，今まで与えられていた「安らぎの私的領域」を今度は自ら創り出し始めるという事実を私たちに提示する。

　これは自分自身の居住空間を，温かい被包感の持てる場所に作りあげようとする要求であり，世の中の障害や脅威から守られ安らぎの中で「住まう」ことによってはじめて成就するとボルノーは確信した。

★ランゲフェルド（Martinus Jan Langeveld, 1905～1989）：オランダの教育学者，教育人間学者。ユトレヒト大学教授。彼は現象学的に教育学を考察し，子どもは庇護されるべきであることや，寄る辺なき存在であることを強調した。

5　乳児にとっての母親の影響力

　社会的参照とは，乳児が一歳頃になると，養育者の表情や声そして身振りといった情緒的な反応を見て，不確定な状況にもかかわらず総合的に判断して，自分の行動を制御できるようになることである。

　たとえば，見知らぬ人が母親と乳児のところにやってきて，そこで母親がよそよそしく対応すると，その乳児もまた緊張し始めるが，他方，母親がにこやかにその見知らぬ人と対応する場合には，乳児も笑顔をみせる。

「視覚的断崖」の実験装置

　この社会的参照についての実験がある。**キャンポス**らは「視覚的断崖」の実験装置を用いて，母親の表情による1歳児の行動の相違点を検討した。この装置は，水平に置かれたガラス板の半分はガラス板のすぐ下に，もう半分は1メートル半くらい下に格子模様が見えるように作ってあり，視覚的にはまるで断崖があるかのように見える。乳児をこの装置の浅く見える側に置き，母親にさまざまな表情をしてもらったところ，母親が恐れの表情をした場合は17人の乳児が全員断崖を渡らなかったが，母親がニコニコした場合には19人中15人が渡った。

結論1：乳児期の後半には，自分自身では判断不可能な状況のときに，信頼できる相手（ここでは母親）の情緒的な情報をみきわめ，それを自分の行動の指標として利用できる能力を発達させている。

結論2：ここから理解できることは，「乳児」は生まれた直後から，すでに社会的な能力を備えており，人との関わりを求める能動的な存在だということである。だからこそ，乳幼児教育における保護者との信頼関

大丈夫だから
おいで

キャンポスの視覚的断崖の実験

係さらには保護者からの積極的働きかけが，乳幼児の人格形成にきわめ
て重要な課題となる。

6　ボウルビィの「愛着」理論

　乳幼児と母親の情愛的な結びつきを「アタッチメント（愛着）」とい
う。とくに乳児が母親との接近を求める行動に現れる。
　「マターナル・デプリベーション（母性剥奪）」とはボウルビィ★の提唱

★ボウルビィ（John Bowlby, 1907～1990）：英国の精神科医。非行歴のある子
どもの生育歴や母親との別離を経験した子どもの反応などを調査・研究。そこ
から，子どもが心身ともに健康であるためには，母性的愛情が必要であるとす
る「愛着理論」を提唱した。ロンドン大学付属ユニヴァーシティカレッジ病院
およびモーズレイ病院にて，児童精神医学を研究。精神分析研究所に所属して
クラインから精神分析の技法を学ぶ。さらに英国に亡命してきたフロイトの娘
アンナより感化を受けた。主著『乳幼児の精神衛生』が有名。

した概念で，乳幼児期に，母親等による養育者との間に温かい接触が欠如することを意味する。その場合には，乳幼児は，情緒，性格，知能等に障害が発生しやすくなるとボウルビィは報告した。

　また「**ホスピタリズム（施設症）**」とは，乳幼児期に，保護施設等に長期にわたって収容された乳幼児にみられやすい心身の発達障害で，思考能力，言語，運動等に影響を与えることをいう。

7　ローレンツの「刻印づけ」

乳幼児期に受ける初期経験の重要性

　動物行動学者の**ローレンツ**は比較行動学の立場から，カモ等の鳥類の雛は卵から孵化すると最初に見える動く対象に愛着を抱き，親と認知して後を追うように学習することを発見し，それを「**刻印づけ（インプリンティング／刷り込み）**」として親子関係を論じた。

　そして生理的欲求の充足とは関係のない対象を後追いして雛が歩くことから，後追い自体は生来プログラムされた行動であることを検証した。

「母─子」分離の問題

　人間はだれでも，生まれてから後の経験や習慣によって，その人間の特性や人格が決定される。人間関係を考えるうえで，重要な意味を持つのは，いわゆる「母─子」分離の問題である。**スピッツ**は，「普通の家庭に育つ子ども」「医療設備のよく整備された施設で養育された子ども」「設備の悪い母子寮に生活する子ども」の生後数か月の成長の追跡調査をおこなった。「設備の悪い母子寮の子ども」は，「普通の家庭の子ども」と同じように成長したが，「設備の十分な施設の子ども」たちは死亡率が高く，成長も遅れた。なぜ物的には十分な設備も整い，医療専門

　家も配置された施設で，死亡率が高く，子どもの発達が遅れたのだろう
か。

　この施設と他の家庭・母子寮との決定的な相違点は，子どもの数に対
して，養育者が著しく少なかった事実しかない。しかしながら，これは
子どもを取り巻く人間環境あるいは人間関係にとって致命的な問題であ
った。人間らしい成長のためには，緊密な養育者の存在が不可欠であっ
たのである。

　経験を通じて，新しい行動の様式を獲得することを「学習」と定義す
るならば，他者に対して関心を持つことも，生後の経験を通して学習さ
れるのである。

　この影響はほとんど変わることがないほど強いもので，人工的に孵化
させてカモ以外の人間や玩具を最初に見た場合でも，その後を追う。刻

「刻印づけ」（インプリンティング・刷り込み）

アカゲサルの仔と二体の人形（代理母）の実験

印づけは，一般の学習と異なり，それが成立する時期，つまり**臨界期**があると考えられている。これは誕生後，一定時間にだけ起こる学習で，その時期をはずすともはや学習することができなくなるということである。

8 ハーローのアカゲサルの実験

ハーロー[★]はアカゲサルの仔と二体の人形（代理母）で親子関係成立の要因を調べる実験をおこなった。

針金でできている哺乳瓶を持つ人形（代理母）と，柔らかい布でできているが哺乳瓶を持たない人形（代理母）を箱のなかに用意した。アカゲサルの仔は針金の人形からはミルクを飲めるが，柔らかい布でできた

★ハーロー（Harry Harlow, 1905〜1981）：アメリカの心理学者。ウィスコンシン大学教授。学習と動機づけの研究，とくに霊長類の心理学的研究で指導的役割を果たす。

人形からは飲めない。

　こうした状況でアカゲサルの仔をどちらにでもいけるようにしたところ，結果的にアカゲサルの仔は柔らかい布でできている人形にしがみついたり，その周囲にいることが多かったことが報告された。

結論：子ザルたちは，ミルク（母乳）が与えられる存在を親（養育者）とみなすのではなく，身体的感覚で庇護されていると感じる存在を親（養育者）とみなした。子ザルたちにとって，生理的欲求の充足が愛着形成の主たる要因とはいえず，接触の快感が重要であることが理解できる。

9　連合理論Ｓ‐Ｒ説

　連合理論は心理学の学習理論の一つで，学習現象をすべて**刺激**（stimulus）と**反応**（response）の結びつきとして説明する。連合主義的学習理論ともいう。習慣や学習が形成されたり崩壊するのは，「刺激―反応」の結合が強められたり，弱められるためであるという考え方をとる。反復や報酬などによる結合の強化が学習の要因となると考え，学習の基礎は感覚印象（刺激）と反応衝動との間の結合（結帯）であるとする。学習者の知識や考え方の変化を受け入れないため，**行動主義**的でもある。

レスポンデント条件づけ（古典的条件づけ）

　ロシアの生理学者パブロフによる実験。犬に餌を与えるときに音を聞

★**行動主義**：観察や観測できる行動のみを研究するべきだとする主張で，1913年にアメリカのワトソンによって構築された考え方。これまでの主観的な心理学を学問として科学化することに貢献した。

パブロフの実験

かせ，それを繰り返していくと，今度はその犬は音が鳴っただけで唾液分泌が生じた。このように学習を条件反射で説明することを**レスポンデント条件づけ（古典的条件づけ）**という。

条件反射説

アメリカの心理学者**ソーンダイク**は，猫による試行錯誤の実験を通して，学習には試行錯誤によって効果の法則，練習の法則，準備の法則があると主張した。実験で使用される「問題箱」は箱の内部の留め具に体が接触すると扉が開き，箱から脱出できるようになっている。箱に入れられた猫は，箱から脱出しようと試行錯誤する。はじめのうちはうまく脱出できなかったが，偶然に留め具に体が当たることによって箱から脱出できるようになる。

オペラント条件づけ

アメリカの心理学者**スキナー**の実験。実験箱（通称スキナー箱）に入れられたネズミがレバーを押すと，餌を食べられるという実験を繰り返

ソーンダイクの実験

スキナーの実験

す。するとやがてネズミは餌を得るために自発的にレバーを押すように
なる。学習を自発的行動の条件づけによって説明した。

　応用例としてはスモールステップの原理でのプログラム学習，ティー
チング・マシン等がある。

10 認知理論Ｓ－Ｓ説

　認知理論Ｓ－Ｓ説（sign-significate theory）は，学習は環境内の刺激を構造的に把握したり，新しい意味づけをすることによって成立するとし，刺激と反応の結合の強化を学習の必要条件とはしない心理学説。場理論，認知説ともいう。連合理論Ｓ－Ｒ説（stimulus-response theory）と対立する理論で記号意味説ともいう。学習とは時間的空間的に接近した二つの刺激があるとき，前の刺激が後の刺激についての記号として意味を持つことであると考える。

　学習過程を刺激の認知構造の変化や再構成化，洞察に基づく行動として捉える立場をとる。認知から学習を捉えると，連合理論よりも中枢的メカニズムを重視し，問題解決の際の見通しを，個人の要求，価値等に見る点が特徴的である。

ケーラー：洞察説

　チンパンジーが道具を使ってバナナを取ることから，その場の構造の洞察が重要であると主張。洞察説とは，練習や試行錯誤ではなく，「はっ」と気がついて問題解決することである。ドイツの心理学者ケーラー（1887〜1967）は，チンパンジーを観察してこの「洞察学習」の実験を行った。

　チンパンジーの入れられた部屋の天井には，手の届かない高さにバナナが吊り下げられている。そのチンパンジーはあるとき，「はっ」とひらめき，部屋にあった空き箱を積み上げてバナナを獲得したのである。

レヴィン：場の理論

　行動（B）は，個人（P）と環境（E）の相互作用に依存しているとして，レヴィ★ンは B＝f（P，E）の公式を生み出した。B は behavior，P は person，E は environment，つまり B が P と E の関数であるということである。いわば「ポジションが人を作る」という考え方であり，組織における期待行動を作るために，環境の開発が重要であるとする。

洞察学習

バンデューラ：モデリング（観察学習）

　バンデューラ★はモデルの行動やその結果を観察することにより，観察者自身の行動に変化が生じてくると主張した。学習が，他者の行動を観察することによっても成り立つことを実証した。

★レヴィン（Kurt Zadek Lewin, 1890〜1947）：ドイツ生まれで，アメリカで活躍したユダヤ系心理学者。ゲシュタルト心理学を社会心理学に応用し，トポロジー心理学を提唱。ユダヤ人だったので，ヒトラーの総統就任を知りすぐにアメリカ亡命の準備を始め，1935年アイオワ大学児童福祉研究所に職を得た。渡米後は，トポロジー，ベクトルなどの概念を用いる新しい場の理論を主張して実験的社会心理学の領域で活動し，「グループ・ダイナミックス」「感受性訓練（Ｔグループ）」などの新しい運動をおこす。理論と実践とをかみ合わせた「アクション・リサーチ」を提唱した。
★バンデューラ（Albert Bandura, 1925〜　）：自己効力感や社会的学習理論を提唱したカナダ人心理学者。人は他者をまねるのではなく，他者の行動からありのまま学びとると独自に考えた。また，1990年代に提唱された自己効力感についての理論は心理学にとどまらず，教育学や社会学にも大きな影響を与えた。

第 5 章

教育学と実存哲学

1 伝統的な教育学と実存哲学

　ボルノーによれば，伝統的な教育学は連続的な人間観に立ち，その大部分は，「技術論的な作る」教育学と，「有機体論的な成長に委ねる」教育学が，互いに交錯しながら展開してきた。

　「技術論的な作る」教育学と「有機体論的な成長に委ねる」教育学の両者の見解は，一見対立するようでありながら，ともに子どもの**陶冶性**（人間形成）を自明の前提とする点で共通の地盤に立っている。

　他方，**実存哲学**はこうした伝統的な教育学の人間観をことごとく拒否する。なぜなら，実存哲学の根本に横たわる人間観によれば，人間存在の核心である実存は，瞬間の決断によってしか，自己の生を成就することができないのであり，そのため実存的状況においては，一切の連続的・持続的行為が拒絶される。

ボルノーは両者の橋渡しを試みた

実存的な人間存在は，教育的な営みによって形成され陶冶されるものではない。伝統的な教育学と実存哲学とが，まったく根本的に異なった人間理解に立脚した，容易に相いれないものであることを明らかにしたうえで，さらにそこから両者の出会いの可能性を，教育学の立場から橋渡ししたのがボルノーの偉大な功績である。

2　「技術論的な作る」教育学とは

「技術論的な作る」教育学と「有機体論的な成長に委ねる」教育学は互いに交錯しながら展開してきた。この伝統的な教育学についてもう少しくわしく見てみよう。

第一の「技術論的な作る」教育学は教育の本質を，物を「作る」過程になぞらえて次のように規定する。

製作者の意図どおりに教育する

物を製作する場合，製作者が素材について十分な知識を有していれば，製作者の意図どおりに作ることが可能であるように，教育者もまた被教育者についての知識さえあれば，教育者の目的どおりに人間を形成できると考えた。

ヘルバルト★がその著書『**教育学講義綱要**』の冒頭に提示した「教育学の根本命題は生徒の陶冶性である」という命題は，この「技術論的な作る」教育学の基本的な考え方を端的に示している。

3　有機体論的教育学とは

先の機械論的教育学の立場の「技術論的な作る」教育観に対して，第二の有機体論的教育学の立場は人間の成長過程を「有機体の成長」として捉えている。この教育観は子どもの成長を妨げず，その障害を取り除き，自然のままに「成長させる」ことに教育の本質を見る。

この教育観は具体的には，**ルソー**を出発点とし，**ペスタロッチ**，**フレーベル**へと受け継がれた〈合自然〉の教育思想にその端的な表現を見

★ヘルバルト（Johann Friedrich, Herbart, 1776～1841）：ドイツの哲学者で教育学者。教育の目的を倫理学に，教育の方法は心理学に求めて，科学としての教育学を樹立。教育方法としては，管理・教授・訓練に区別した。また彼の四段階教授法の明瞭・連合・系統・方法は有名。主著に『一般教育学』（1806）と『教育学講義綱要』（1835）がある。教育学分野の著述に示される「管理・教授・訓練」「多面的な興味」といった主張は，若き日の家庭教師体験等が基盤となっている。ブルクドルフで児童教育の実践に没入していたペスタロッチを訪ね，実践から遊離しない教育学研究を進めた。1809年にはこれまでの教育学研究が高く評価されてケーニヒスベルク大学に迎えられ，大哲カントが占めていた哲学講座を担当。知り合いの私宅を開放してもらい，ヘルバルトの教育学ゼミナール受講生たちにそこで教育実習を課し，教育の実地研究に取り組ませた。これが大学における実習訓練の始まりとされている。

子どもを自然のままに教育する

ることができる。

　人間の成長過程を「有機体の成長」として捉えている，いわば植物モデルといえる。

　ボルノーによれば二つの形式，すなわち機械論的教育学と有機体論的教育学を比較すると，「手細工的・技術論的な作る教育学」の方が，「有機体論的な成長に委ねる消極的な教育学」よりも今日に至るまで，はるかに優位を占めてきた。

　いずれにしても，これまでの伝統的な教育学において可能と思われる人間の捉え方は，教育は「機械的な製作」に基づくか，もしくは子どもの内からの「有機体的成長」に基づくかのいずれかで，第三の教育の可能性は考えられなかった。

人間は連続的に発展できる＝伝統的教育学

4 二つの伝統的な教育学概念と連続性

　くりかえすが，「技術論的な作る」教育学と「有機体論的な成長に委ねる教育学」の両者の見解は，一見対立するようでありながら，ともに子どもの**陶冶性**（人間形成）を自明の前提とする点で共通の地盤に立っている。

　つまり両者ともに，人間は連続的な発展が可能であり，その方向に人間を陶冶・形成してゆくことができる，という立場を取る。両者に共通な点は，連続的な構成によって，徐々に改造することによって，人間を教育することができるという前提である。

　教育を「形成」「陶冶」と捉えるにせよ，「成長に委ねる」ことと捉えるにせよ，人間の「生の過程」は「連続的に」一歩一歩完成に向かって進歩し，それに対応して人間は連続的に完成に向かって教育できるとボルノーはみごとに指摘した。

5　連続性と非連続性の橋渡し

実存哲学へ

　実存哲学は伝統的教育学の連続的進歩を前提とする人間観を拒否する。実存的な人間存在は，教育的な営みによって形成され陶冶されるものではない。実存という人間存在の核心を扱うかぎり，少なくとも伝統的な意味での人間の陶冶性を前提とした教育は不可能であり，ここに至ってはじめて，なぜ今まで実存哲学と伝統的な教育学との間に，実り多い対話が生じえなかったのかという理由が明らかになる。

実存哲学の特徴

○**実存哲学**の根本に横たわる人間観によれば，人間存在の核心である実存は，瞬間瞬間の決断によってしか，自己の生を成就することができない。

○実存的経験においては，神との出会いにせよ，芸術作品との触れ合いにせよ，われわれの日常生活である「生の連続性」が突如として自分を超えるものによって垂直的に介入してきて中断される。

○実存的経験においては，今までの自己のものの見方や考え方がいったん完全に崩され，危機的状況に立たされる。そこから新しい自己の魂の息吹きを感じ，新しい生命力が与えられる。

○実存的経験においては，そのひとの本来的自己への問いかけ，自覚ならびに**覚醒**が自己のうちに生じ，自己変革にとってまたとない機会であり，この機会にいっそうの教育的努力が望まれる。

あるときやってくる連続性の中断＝実存哲学

ボルノーは伝統的な教育学が主張するような連続的発展陶冶性ということが，一切の教育の前提であるか否かを問う。実存哲学的経験では，人間の最も内なる核心に対して，持続的な形成は不可能である。人間の生や教育は，日常的なレベルでは連続的形式で営まれているが，しかしなおその他に人間存在には時として生の「非連続的局面」が見られる。

6　日々の生活の中での非連続的局面とは

　日々の生活の中で，生の「非連続的局面」に遭遇することが時としてある。他者との出会いにせよ，芸術作品との触れ合いにせよ，私たちの日常生活である「生の連続性」が突如として自分を超えるものによって垂直的に介入してきて中断されることは，紛れもない事実である。
　そこでは今までの自己のものの見方や考え方がいったん完全に崩され，危機的状況に立たされる。そこから新しい自己の魂の息吹を感じ，新しい生命力が与えられる。この瞬間，私たちの連続的形式としての生の過

程に，非連続的事象が垂直的に突入してくる。

　人間の生活には連続的経過と並んで，それと同様，ときおり特殊なしかたで人間の生活を中断する非連続な箇所がある。それは，その人の本来的自己への問いかけ，自覚ならびに覚醒にとってまたとない機会なのである。

　こうした教育の非連続性においては，**陶冶性**（連続的人間形成）こそ否定されるが，**教育可能性**（覚醒等の非連続的現象による善への転向）という視点からの教育が新たに始まりうる。たとえば，脳梗塞で身体が不自由になり，リハビリで落ち着いた後，命の大切さに目覚めること等が考えられる。

7　道徳的危機に直面したとき

　子どもたちは，反抗期や思春期の危機，病気における危機，経済的危機，さらには道徳的危機など，生の中でさまざまな個人的**危機**に直面する。道徳的危機もまた「非連続的形式」の教育の範 疇（はんちゅう）だが，そのような危機に直面したときに，教師や親はどのように対処すればいいのだろうか？

　子どもだけでなく大人の「危機」を考えても，たとえば成熟の危機，財政的な危機，信仰の危機など，さまざまな人間の個人的な生の場面で現れてくる。

　さらには人間の歴史や民族の危機，政治や経済の危機という一個人を越える危機も身近に経験することがあるが，そもそもこのような「危機」の本質とはいったいいかなるものだろうか？

　これらの危機に共通なことは，常に正常な生の連続的過程の障害や妨害があること，そしてそれによる攪乱（かくらん）はその出現の突如性とその異常な激烈さを特色としていること，である。

杉原千畝の決断

　関連して，外交官杉原千畝の決断について紹介しよう。

〇ユダヤ人にビザを大量に発行した。

〇自身の安全の喪失の危機に直面するものの，自らの信念を曲げなかった。

〇2000年になってようやく日本の外務省は杉原の行為を正式に認可した。

　ここで問題となる「道徳的危機」も，身体の病気の危機と類似の経過をたどる。これまでの生活が，もはやそのままでは続行されないある一つの状況へと，知らぬ間に滑り落ちるか，あるいは逆にそこで自由な決断によって圧迫をはねのけるかのどちらかである。

8　人間の決断と自由

　「非連続的形式」の場面では，ある人間の決断と自由が重要な問題と

杉原千畝（1900～1986）

　日本の外交官。第二次世界大戦の中リトアニアに赴任していた際，ポーランドなどからの難民（多くがユダヤ人）に外務省に反してビザを発行した。

なってくる。つまり人間は自分勝手に自由な意志決定ができる存在ではなく，自己を取り巻く不可避な状況の抵抗から生ずる絶望によって，はじめて決断を強いられねばならないし，またそこではじめて自由な決断も生じうる。

　私たちの生活の中へ突如として入り込んでくる「危機」を突破することによって，はじめて新しい生活秩序が生じてくる。ボルノーによれば，自己の行為を反省し，はじめから人生をやり直す決意ができたとき，また職場や学校での失敗のあとで場所を変えねばならないとき，新しい生活がその時点で「危機」とともに始まる。

　人が自己の堕落した生活の腐敗から脱しうるのは，ただ徹底的な更新を通してだけなのである。ここでは「非連続的形式」の教育でしか，「危機」を乗り越えることはできない。

　こうした危機をくぐり抜けてはじめて，人間としての「新しい出発」が始まる。この意味でボルノーの説く「精神的生まれかわり」の問題は，人間の倦怠観や失敗を克服して，一人の人間が新しい出発と生の新しい

危機を迎えてこそ，新しい出発が待っている

根源性へと回帰していくことを可能にする。

　従来の教育学が経験上，その重要性に気づいていながら理論的に捉えることのできなかった実存的な「教育の非連続的局面」，たとえば危機や覚醒という事象を，従来の教育学につけ加えたところに**ボルノー**の功績がある。

　私たちにとって一つの運命的な危機的事象とは，意識的な計画の限界において，あるいは経験一般の限界においてはじめて認識される。こうした視座から「危機」という事象を考察することによって，私たちは人の魂の奥底にまで浸透し揺さぶり人を浄化する「危機」の積極的な教育学的意義を見出しうる。

9　教育はつねに覚醒である

　有名なドイツの教育学者シュプランガー[★]の言葉に「教育はつねに**覚醒**である」というものがある。ボルノーは，「覚醒」とは，まず質的な意味では人間の「あるべきでない状態」から「あるべき状態」への移行であり，この二つの状態は程度の差ではなく，質的に異なる断絶の性格を帯びていると考えている。

　次に時間的な意味では，当該の出来事が人間に対して突発的に生ずるがゆえに，ボルノーはこれを実存的な「非連続性」として捉えている。

★シュプランガー（Eduard Spranger, 1882～1963）：ドイツの哲学者であり教育学者。文化教育学の発展に尽した。ディルタイやパウルゼンの学説を継承し，実存哲学に至る思想を受け入れた。主著に『文化と教育』（1919），『生の諸形式』（1921）や『青年心理学』（1924）などがある。文化教育学とは，とくにシュプランガーに代表される教育学の呼称で，客観的文化の主観化を主張する。シュプランガーは六つの基本的類型，すなわち理論的，経済的，美的，社会的，宗教的，権力的人間を類型化した。

あるべき状態に覚醒するということ

　それとの関連で，人間に対して外から介入してくる事象が，ある種の
「痛み」を伴ってやってくる。
　「覚醒」とは，時間的に厳密に規定された出来事であって，人間を一
回的かつ決定的に変化させるものである。人間を究極的に生の新しい立
場へと転向させるもので，あるべきでない迷いから目をさまして，ある
べき方向へ歩みをかえることである。

10　「訓戒」や「訴え」とは

　学校の生徒指導や学級活動等において，教師が「出会い」と並んで
「訓戒」や「訴え」を必要とする場面が少なからず出てくる。これはボ
ルノーのいう「人間を惰性の中での没入状態から引き戻そうとする努
力」の瞬間である。教師の「訓戒」や「訴え」は，子どもを堕落や惰性
の状態から引き戻すきっかけとなる。

それとの関連で，まどろんでいる子どもの中の可能性を掘り起こす「覚醒」にしても，教育行為につきものの「挫折」にしても，これらの概念はすべて，精神的実在の「抵抗経験」として捉えることができる。

　それゆえ，これらの出来事はきわめて辛く苦しい仕方で私たち教育者や子どもたちに迫ってくる。それと同時にこれら一切の教育的な出来事は，危険を伴わない傍観者的な「観察」的態度のうえに立つ教育学の対象領域を，根本的に考え直すことを強いるものとなる。

　成長のままに放任するという植物モデルの有機体論的教育観も，教育者の意識的・目標志向的な製作的・機械論的教育観も，ここではまったく適用しない。なぜなら両者ともに「連続的形式」の教育では，子どもの中の可能性を掘り起こす「非連続的形式」の実存的な「覚醒」領域には入り込めないからである。

まどろんでいる子どもの可能性を覚醒させる

第6章

教師と子どもの関係

1 教員に求められる教育的使命感や責任感

　教員に求められる使命感や責任感が，近年教育界で注目されている。とくに教育的愛情，倫理観，遵法精神が社会的要請として強く求められている。

　それと関連してボルノーは，教育者が一人の子どもを信用し正直であると考える場合にのみ，その子どもの内部に教師の**信念**に対応する諸特性が形成され，実際に信用のできる正直な子どもになると述べている。

　人間とは周囲から自分がそう思われていると考えるイメージに従って，自らを形成する存在である。それゆえに，感化力の強い子どもは大人以上に，所属する学級の教師によって信頼され見込まれることにより，教師の抱くイメージに従って自らを形成するようになる。

　ボルノーは**ニコライ・ハルトマン**（1882〜1950）を援用して，いかに人間が他人の信念に応じて変わりうるかを証明した。「人間とは，まさ

子どもは教師の信念に影響を受ける

に自らが他の人の中に信ずるものを，その人の中に実際に作り出す存在」（ハルトマン）なのである。

　成人に比べて子どもは，その自己がまだわずかしか確立しておらず，なお外に向かって大きく開かれているために，良きにつけ悪しきにつけ，外からの影響を強くこうむる存在である。

2　子どもに対する「信念」が成長を決定づける

　くりかえすが，教育者が一人の子どもを信用し正直であると考える場合にのみ，その子どもの内部に教師の信念に対応する諸特性が形成され，実際に信用のできる正直な子どもになる。

教育者が信用すれば子どもも正直に育つ

教育者の邪推は子どもをそのとおりにしてしまう

　しかし同様に逆の事例も生じうるのであり，ここに教育の恐ろしさも
存在するとボルノーは警告を発している。教育者が，子どもの中にあり
はしまいかと邪推する悪しきものが，この邪推によって，すべて同じよ
うに呼び起こされてしまう。そしてついには，疑い深い教育者が邪推し
たとおりに，愚鈍で，怠惰で，嘘つきの子どもになってしまう。

3　包括的信頼という概念

　ボルノーは，子どものあらゆる能力の発達にとって不可欠な前提とし
ての**包括的信頼**の重要性を取り上げている。「信用」とか「意見」とい
う概念は相手の個々の能力や徳性についての知的判断を基準とするが，

それに対して「信頼」という概念は相手の道徳的・人格的核心に関わるものといえる。

　私たちは一人の子どもを信頼するときには，その子どもの個々の徳性ではなく，その子どもの人格を包括的に信頼しているはずである。それゆえにここでボルノーのいう「包括的信頼」こそが教育の不可欠な前提となり，教師の子どもに対する信頼によって子どもは自らの能力を最大限に発揮できることになる。

　これと逆の教育的状況の危険性もある。もし教師が子どもを信頼することを拒むならば，そのような教師の心ない態度によって，子どもから良き意図をもってやりとおそうとする力を奪いとってしまう。「包括的信頼」を肯定するのと否定するのでは，両者の子どもに及ぼす影響は大きく異なってくる。

包括的信頼こそ教育の不可欠な前提

教師がこの「包括的信頼」を保持することがむずかしい原因は以下の事実による。たとえ教師が一人の子どもを信頼していたとしても，子どもが教師の期待どおりの発達を遂げなかったり，逆に教師への悪意を抱くことさえある。

　なぜなら子どもは教師以上に一個の不完全な人間だからである。教師の側からいえば，こうした現実が子どもへの「包括的信頼」を保持しにくい理由となる。教育者は，失敗をいくたび繰り返しても，利口な人間の目から見れば勘定に合わないことがあるにしても，子どもに対する信頼への力を，心の中に繰り返し新たに奮い起こさなければならない。

4　教師と生徒の間で醸し出される「雰囲気」

　最近の国際比較においても，日本の子どもたちは「快活さ」という側面では，他の諸国と比較してそれほど高い評価が出ていない。その原因の一つとして，一般に日本の学校教育では，授業本位の傾向が強く，もっぱら教師の真面目さが先行しがちであるからだと指摘されている。

　一般に学校教育において，教師は職業的に子どもの快活さを学校生活の中で発揮させきれず，むしろ教室には暗さと不快の雰囲気が流れ込みがちである。

　こうした教師の無意識に産みだす沈鬱な気分が，実は今まさに成長しつつあり教師に信頼してもらいたいと願っている子どもたちに，どれほどの悪影響を及ぼすかという点についての教育学的な考察がこれまでなおざりにされてきた。

　また逆に，教師と生徒の間で醸し出される「雰囲気」が快活で晴れやかに展開されるならば，そこではどれほど教育が成功しているのかという点について，これまで意外にもその分野についての教育学的考察が手

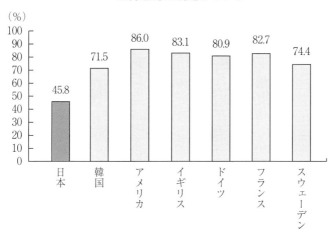

自分自身に満足している

（％）

- 日本 45.8
- 韓国 71.5
- アメリカ 86.0
- イギリス 83.1
- ドイツ 80.9
- フランス 82.7
- スウェーデン 74.4

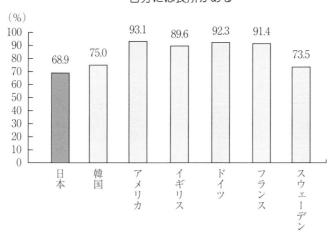

自分には長所がある

（％）

- 日本 68.9
- 韓国 75.0
- アメリカ 93.1
- イギリス 89.6
- ドイツ 92.3
- フランス 91.4
- スウェーデン 73.5

若者の自己肯定感の国際比較

教師の生みだす沈鬱な気分が子どもたちにどれほどの悪影響を及ぼすことか

つかずであったとボルノーは指摘している。

5 快活の感情

　子どもが楽しく生活し，社会の中で充実した生活を営むためには，まず「快活の感情」が普遍的な気分として子どもたちを包まねばならない。ボルノーの教育的見解の背景には，**ハイデッガー**（1889〜1976）の影響が色濃く反映されていることを忘れてはならない。

　気分というものは，人生と世界とが，そのつど一定の彩りをもって，そこから人間に開かれる「普遍的基底」である。

　陰鬱な気分での教育的関わりのもとでは，教育および個々人の人生全体は暗いものとなり人間は各々の殻に閉じ籠もり，教師と生徒との信頼関係は完全に崩壊してしまう。

快活の気分をもとにした関係

　教師と生徒との信頼関係もまた，快活の感情，喜ばしい気分が前提に
されてはじめて語りうる。ボルノーは小説家**ジャン・パウル**（1763〜
1825）の教育論『レヴァナ』の一節を援用して，「喜ばしさは入りくる
すべてに向かって子どもの心を開き，すべての若々しい力を，朝の光の
ごとくに立ち昇らせる」と述べている。

6　「教師の職業病」

　一般的に学校教育における教師自身の克服すべき問題を，ボルノーは
「暗さへの傾向」と特徴づけ，まさに「教師の職業病」とさえ呼んでい
るほどである。
　こうした現実を直視して，そこに潜んでいる問題の深さを認識すれば

するほど，教師の周囲に「快活な気分」を広めてゆき，生徒たちの心を開いてゆくことが，どれほど重要な教育的課題であるかが明確になる。

　ここでボルノーは，理性的な**汎愛学派**のザルツマン*の老教師としての夢を次のように描写している。「すべての教師は，それまで彼らの顔つきを不親切で不機嫌なものにしていた皺をすべて消し去るように努めるべきである」と。

　そうすれば，子どもたちの眼差しは，昇る朝日のように晴れやかになる。子どもたちは，それを大いに喜び，両腕を教師の首にまきつけ，抱きつき，そして接吻する。こうしたザルツマンの教育実践からも理解できるように，快活な教育者のみが良い教育者でありうるとボルノーは断言している。

　「快活」とか「晴れやかな気分」という情感なしには，ひとときとして教師と児童生徒の人格的関係は成立しえない。ボルノーは，子どもが楽しく生活し，社会の中で充実した生活を営むためには，まず「快活の感情」が普遍的な気分として子どもたちを包まねばならないと考えた。すなわち，学校長を筆頭に，学校の先生たちすべてが「快活の感情」で学校中を満たさなければならないということである。

　★ザルツマン（Christian Gotthilf Salzmann, 1744〜1811）：ドイツの福音派の牧師で教育学者。彼は1781年，バセドウの汎愛学舎に招かれ，宗教教授を担当し，後に独立して自らの学校を開設。そこで近代体操教育の祖グーツムーツが教師として協力。主著には『蟹の書——非合理的な児童教育に対する指針』（1780），『蟻の書——合理的な教師養成への指針』（1806）などがある。没するまで「父ザルツマン」として多くの子どもたちを薫陶し，同時に多くの教育的著述を残した。その学校は「ザルツマン学校」と称して現在もなお存続している。道徳教育には教師の人格がなによりも必要であり，罰，とくに体罰は避けるべきであると主張した。

晴れやかな気分なしには教師と子どもの人格的関係は成立しえない

7　朝のような晴ればれとした感情

　多忙な現代人のほとんどが忘れかけている大切な感情に，「朝のような晴ればれとした感情」がある。朝起きたときに，「よし今日もがんばろう，今日も楽しく一日を過ごそう」と感じられる人々がはたしてどれほどいるだろうか？

　多くの問題を抱えている現代社会だからこそ，「朝のような晴ればれとした感情」を取り戻すことが，重要な教育的課題となる。ボルノーは健全な発達を支える気分として，「朝の感情」をしばしば取り上げている。

　「朝の感情」は人間の発達にとって，またそれゆえに，教育にとって

も欠くことのできない，未来へいきいきと立ち向かってゆく基本的教育要素である。それは朝の新鮮な感情であり，どうしても自分の中に閉じ籠もることができずにあふれ出ようとする感情であり，そして自分を乗り越えてゆく理想的な努力への力強い活動に直接，転化することを欲する感情である。

　青少年は「朝のような気分」の中で自分の将来に対して喜びをもって前進してゆき，自己の立てた遠大な計画に向かってその実現を夢見て努力しようとする。それゆえ，こうした状態において青少年が空中楼閣を描き夢見る傾向はむしろ自然なことでさえある。

朝のような気分の中で

第7章

実存と出会い

1　実存的な「出会い」

　「実存的な出会い」の概念は，なによりもブーバーの名前と結びつく。ウィーン生まれのユダヤ人の思想家であるブーバーが「真の生は出会いである」と力説するとき，それは実存哲学的で根本的に同等の力を持つ実在との出会いを示すものだった。

　実存哲学は，人間を主体的に捉えようとし，人間の自由と責任を重要

ブーバー（Martin Buber, 1878〜1965）

　イスラエルの有神論的実存哲学者。主著は『我と汝』。彼は出会いを問題にした。近代においてはすべての人間関係が「我とそれ」になりさがり，その克服のために「我と汝」関係の回復を主張した。ブーバーにとって「永遠の汝」とは神である絶対者に他ならない。ブーバーのこうした思想は教育学のみならず，20世紀の広範な人文諸科学に多大な影響を与えた。汝としての「他者」は，私に向かって，呼びかけてくる。その呼びかけを真剣に受け取り，汝に応答することにより，自己への「囚われ」が破られる。ここに，とらわれのない自発性・主体性が成立する。真の「出会い（Begegnung）」が生じる場合，「我と汝」関係が成立している。真の出会いとは，これまで気づかなかった自分に気づくことである。

視する。しかし同時に実存は孤独と不安，絶望につきまとわれる危険性
も含む。ブーバーはこの場合，生ける「汝」の世界を，客観的で即物的
な連関を意味する連続的な形式の「それ」の世界とまったく異質的なも
のとして区別しようとした。

　さらにボルノーによれば「我とそれ」の即物的な連続的世界は見通し
のきく統一的で計量可能な事物と関連するのに対して，非連続形式の
「我と汝」の出会いの生ずる実存的な世界は，他のすべての汝との出会
いを排除する排他性を特色とし，そこでは計量も比較も消え失せ，さら
に真の汝は自己の対峙者として常にただ一つの実在としてこの「私」に
迫ってくるという。

2　〈我と汝〉と〈我とそれ〉

　ブーバーは，彼の『我と汝』という名著の中で，人間が世界に関わる
場合の在り方を二つに区分し，それを〈我とそれ〉と〈我と汝〉という
根源語で表現した。

　ブーバーはとくに，現代は〈我とそれ〉の支配的な時代で，科学・技
術的思惟が人間の生を対象としての「それ」にしてしまったことの功罪
を非難している。〈我とそれ〉の「それ」は物であるから，人間であっ
ても物扱いされ，そこから代替可能性の問題が出てくる。

　他方，〈我と汝〉という根源語は，全人格を傾倒してはじめて語りう
る言葉であり，全人格的に触れ合う人間関係である。〈我とそれ〉が代
替可能な即物的関係であるといいうるならば，〈我と汝〉の関わりは，
代替不可能な実存的関係を特色とする。

〈我とそれ〉〈我と汝〉の違い

3 〈我とそれ〉の関係

　〈我とそれ〉の関係とは，対象を一方的に利用し，相手をそのまま受け入れない。さらに，ありのままの自分を相手に差し出すこともしない。

　たとえば，試験の前になると，熱心にノートをとっている学生のもとへ，友達のふりをして接近する行為がしばしばみられる。その学生の人格をしたって接触しているのではなく，本当はその学生のノートを試験準備でコピーしたいために，友達のふりをして近づこうとするのである。この場合，対象を一方的に利用し，相手を手段化しているという意味で，この二人の関係は〈我とそれ〉の関係に陥っている。

　自分の能力や業績，他人との比較，他の人々の評価によって自分を理解する，そうした在り方を続けていると，結局，自分自身も「それ」化

してしまう。

　〈我とそれ〉の関係は，客観的で即物的な関係にほかならない。そこでは，全人格を傾倒して語ることができない。〈我とそれ〉の「我」は，私をけっして拘束しない。たとえば，窓の外を見ているとしよう。だれかが歩いてきて，私の存在に気づかずに通りすぎれば，拘束されないので〈我とそれ〉関係のままである。ところが，歩いてきた人が，窓際の私の存在に気づいて，にこっと笑った瞬間，その人は私を拘束する。その人が私に呼びかけた瞬間，「我」は拘束される。そこで〈我と汝〉関係が成立することになるのである。

対象を一方的に利用する〈我とそれ〉

4　〈我と汝〉の我

　ある人が「汝」となって私に呼びかけてきたとき，今まで自分のやっていたことを，いったん止めなければならない。つまり，私を占有する「汝」がでてくる。たとえば，真実の結婚や恋愛とは「汝」との出会いを前提とする。

　芸術との出会い，恩師との出会い等にも同じことがいえよう。筆者の例として，大学では就職に有利なためという理由で経済学部に入学した。ミッションスクールだったのでキリスト教学が必修科目であったのだが，その担当教授である恩師の思想，人間性と実存的に出会い，強く影響された。そしてキリスト教の洗礼を受けることになり，また進路も一般就職ではなく，その恩師から学んだボルノーやフランクルを教育学的に研究する方向へと大きく変化していった。

ある人が「汝」となって私によびかけてきたとき，私の在り方が拘束されて「出会い」が生じる

　そこでは，計量や比較が消え失せた世界なのである。「汝の存在・汝の語りかけ」によって，筆者の在り方も徹底的に拘束されてしまう。排他性に基づく出会いとは，いったいどのようなことなのか。またそれと関連した「拘束性」とは具体的に我々の生の中でどのように経験されるのか。

　別の例で考えると，教室で筆者が講義をしていて，学生たちは静かに私の話を聞きながらノートをとっているとしよう。その時，突然私が「○○さん！」と具体的な名前を呼んだならば（大きな声ほどその当の学生はびっくりするだろうが），その学生は，「はいっ」と返事をせざるをえない。ここで〈我─汝〉関係が人工的にではあるが成立したことになる。

5　〈我と汝〉〈我とそれ〉の特徴

　汝としての「他者」は，私に向かって，私の存在をゆさぶる。しかし，その呼びかけを真剣に受け取り，汝に応答することにより，私の自発性・主体性が成立する。

　真の「出会い」が生じる場合，〈我─汝〉関係が成立している。真の出会いとは，たんに，新しい知識の獲得や新しい体験が増えることではない。これまで気づかなかった自分に気づくことである。出会いとは，

〈我と汝〉〈我とそれ〉の特徴

〈我とそれ〉	〈我と汝〉
（1）相手を手段化	（1）相手を目的化
（2）無拘束＝非排他性	（2）拘束＝排他性
（3）即物的・客観的関係	（3）主体的・実存的関係

たんに知的に理解するというのではなく，自分の根本がゆさぶられ，自分の生き方が変わるという出来事である。

　出会いとは，対象を小手先で処理するようなことではなく，自分の存在全体が巻き込まれ，変えられる経験である。そこでは，私の存在の根本にぴったりあてはまり，思いがけない呼応が成立する。私が勝手に計画したり，実行したりできるものではない。いわば，運命的なものである。

出会いとは，自分の存在全体が巻き込まれ，変えられる経験である

第 8 章

青年期の教育問題と防衛機制

1　カウンセリングマインド

　カウンセリングマインドとは，カウンセリングの手法の一つである。カウンセリングには二つのタイプがある。一つは「指示的」な方法で，他方が「非指示的」な方法である。前者の「指示的療法」で重要なのは，カウンセラーの診断と治療であって，そこではカウンセラーが主役である。

　これに対して「非指示的療法」あるいは**クライエント（来談者）中心療法**は，クライエント（患者，あるいは学校であれば子どもたち）の健康への回復力を重視するものとして現れた。この非指示的方法におけるカウンセリングの態度が「カウンセリングマインド」と呼ばれ，ロジ

ロジャーズ（Carl Ransom Rogers, 1902〜1987）

　アメリカの心理学者で，来談者中心療法の創始者。来談者中心療法はクライエント（来談者）自身の問題解決能力を信頼し，その成長を援助するために許容的な雰囲気を形成する手法。カウンセラーが暗示，忠告などの指示的行為を行うのでなく，共感的理解，無条件の肯定的関心，自己一致といった基本的態度でクライエントに接することが重視される。

ャーズによって提唱された。

　カウンセリングマインドを成立させる要素として①カウンセラーの一
致，②共感的理解，③無条件的積極的配慮があげられる。

一致：たとえば教師が不完全な人間として生徒同様に努力する，という
教師の生徒への態度が教師の平生の姿と「一致」することがカウンセリ
ングマインドの第一の必要条件とされる。
共感的理解：教師の立場から子どもを理解することから離れて，子ども
の内部にある見方から理解しなおすことである。たとえば子どものとっ
た行為が道徳的に悪いことであっても，なぜその子がそうせざるをえな
かったのかを考え，子どもの言い分に耳を傾けることが必要である。
無条件的積極的配慮：良い子だからとか悪い子だからといって態度を変
えることなく，かけがえのない独自の人間として，一人ひとりの子ども
に接することである。これにより，子どもは自分の心を開き，安定感を
得ることができる。こうして自尊感情が生まれ，健全なパーソナリテ
ィーが発達する。

2　青年期におけるモラトリアム

青年期延長

　モラトリアムとは元来は経済用語で，戦争や暴動などの非常事態下に
あって，国が債権債務の決済を一定期間延期・猶予することにより，金
融機構の崩壊を防止する措置のことである。
　この経済用語を最初に社会心理学に転用したエリクソンは，人間の発
達を精神分析の手法で取り扱い，「青年期」を将来への準備期間として
社会的義務の遂行を猶予される時期として捉えた。つまり，青年期を

「心理的社会的モラトリアム」の年代として特徴づけたのである。

　しかし近年では「モラトリアム」という概念は，大人になるための修行や試行という肯定的な意味が薄れ，高学歴による青年期の延長あるいはいつまでも未成熟のまま逃避しているという否定的な意味に変化しつつある。

　たとえば「モラトリアム人間」とは，いつまでも社会的な自己確立を図らずに，既存の大人社会に同一化しないままの状態でいる人間のことをいう。日本では，**小此木啓吾**の『モラトリアム人間の時代』で流行語にまでなった。

エリクソン（Erik Homburger Erikson, 1902〜1994）

　児童期から成人期にかけての時期を修行と試行という見習い期間とし，これを「モラトリアム」と呼称した。この期間に青年たちは様々な経験を積み，社会的自己すなわち「アイデンティティ」（自己同一性）を確立することにより，社会の成員として一人前になっていくと考えられている。

アイデンティティとモラトリアム

　アイデンティティは自己同一性と訳される。自己が時間の変化にもかかわらず同一のものであること。反対に，自分は何なのかという疑問にとらわれ危機的状況に陥ることをアイデンティティクライシスと呼ぶ。

3　青年期における心理的離乳

　青年期は未来に対して希望と同時に苦悩を感じるようになる時期である。そのために「自分たちを理解してほしい」という大人への批判精神も生じやすい。とくに高校生の段階になると，自分を深く見つめることが多くなり，それと同時にさまざまな人生の葛藤（たとえば親子間や友人間の葛藤など）に悩むようにもなる。自分の内面世界が広がり夢や理想もさらに具体的になるものの，しかし同時にそれらは自力で実現できないことも了解せざるをえなくなる。

　こうした青年期の悩みや苦しみは不安定で，表面的には激しい反抗や批判の形をとる場合もあるが，いずれ青年たちは次第に精神的に親から独立してゆく。このような過程が，一般に**心理的離乳**と呼ばれる。

青年はやがて一人で壁にたち向かうようになる

4　「中1ギャップ」とは何か

　中1ギャップとは，小学校の時期との教育環境の違いに起因する中学校1年生での不適応の問題のことである。たとえば，中学生になり専門の教科が開始されることに伴い，教科担任制への戸惑い，講義調の授業への不満，友人や先生との人間関係の不安等が生じてくる。また小学校では中学進学の際，受験という選抜は必須ではなく通常，卒業生全員が何らかの形で進学することができるが，中学3年生になると，高校受験のプレッシャーが強くなる。

小学校と中学校のギャップ

　こうした変化は小学校の時期には存在しなかったものであり，ある意味で大人の世界へ一歩を踏み出すことに伴う不安と迷いでもある。こうした不安感のつきまとう青年期に，教師たちは彼らを深く信頼して学校生活で交わることが求められる。

　青年期の発達的な変化を考える場合，中学校は，部活動での友人や先輩・後輩等の人間関係，高校受験というストレスと本格的に向き合う時期であり，子どもたちの自己の内面への関心も深まり始める。

　「中1ギャップ」の解決策の一つとしては，なによりも小・中学校間の連携が不可欠であり，また生徒指導や授業展開に関する小・中学校の一貫性や円滑な接続が求められる。小学校高学年と中学校第1学年の指導計画や授業改善に本気で取り組む必要が出てくるだろう。

5　無意識と人格構造
イド・自我・超自我

　オーストリアの首都ウィーンで，主として貴族階級や有産階級の人々を対象に精神科を開業した**フロイト**は，ヒステリー患者の治療から**無意識**を発見し，**精神分析**の理論を築きあげた。

　フロイトは患者との一対一の診察を通して，患者が意識していない理由によって症状が出ること，そして患者自身が感情的な体験を伴って自ら気づくと症状が消えることを発見した。この無意識の心的過程をフロ

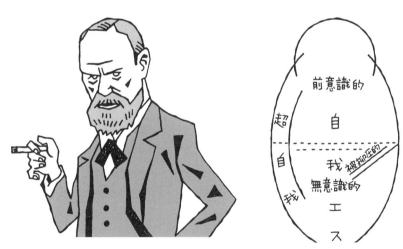

フロイト（Sigmund Freud, 1856～1939）

　オーストリアの精神医学者，精神分析家，精神科医。人間の心理生活を，下意識あるいは潜在意識の領域内に抑圧された性欲衝動（リビドー）の働きに帰した。自由連想法，無意識研究を行い，さらに精神力動論を展開した。「精神分析学」の創始者として知られる。

イトは，イド（id），自我（ego），超自我（super ego）の三つで人格構造は形成されるという理論を作り出した。

イド：エスともいう。人間が生まれつき持っている無意識の本能的衝動・欲求等の精神的エネルギーのこと。快を求め不快を避ける快楽原理に支配されると考える。したがって自我や超自我と葛藤を起こす。

自我：イド（エス）と超自我を統制して，現実への適応を行わせる精神の一側面。発達過程でイド（エス）から分化し，さらには自我から超自我が分化して，成熟段階へと向かう。

超自我：「良心」に当たるもので，倫理的価値基準に従おうとする。イド（エス）の検閲を行う作用を持つ。イド（エス）と対立して道徳的禁止的役割を担う。

自我のコントロール

どちらかが強すぎると精神病傾向になるとされる。

6 人間行動の様式としての 防衛機制（適応機制）

　フロイトは，患者が自分にとって苦痛となる体験やその現実に気づかないという現象を，自我の**防衛機制（適応機制）**と定義づけた。換言すれば，葛藤や欲求阻止といった状態に立ち至ったときに，無意識に緊張を解消（適応）するためにとられる人間行動の様式のことである。自分がその場で適応するために無意識のうちに現実から眼を逸らせて，これを歪曲することによって，自我が自己を防衛しようとすることであり，不安に対する防衛ともいえよう。たとえば，以下のような防衛機制がある。

合理化：すっぱいぶどう

投射（投影）：自分がもっている欠点や不快なことに目をつぶるために
それを他人に帰したり，他人のせいにしたりすること。例として，「誰
だって欠点ぐらいある。そんなこともわからない先生なんて最低」。

同一視・摂取（同一化）：取り入れに伴って，相手や他人の行動・性
格・全人間像を自己のものとする情緒的一体感のこと。これは子どもの
人格形成に重要な役割をはたす。例として，幼児が父の行動を一つひと
つまねて成長していくこと。また，医学生の三分の二が，自分が研究し
ている病気と同一の症状を訴えるというが，これも同一化の例である。
悪い例としては「虎の威を借る狐」ということわざのように，有力者の
権力をかさに着ていばるような人のこと。

抑圧・抑制：苦痛な体験を意識しないですむように無意識に押し込んで
しまうこと。欲求を意識界から締め出して，欲求不満を生じないように
すること。例として「臭いものには蓋をする」ということわざのように，
悪事等を他人に知られないように一時的に隠すことなど。

昇華：より高次元の活動に

合理化：自分の行動の失敗や恥辱の理由を自分の無力・異常・短所に帰さないで，社会的に許容されるもっともらしい理由をあげて，正当化すること。イソップ童話の狐の「すっぱいぶどう」の反応。理屈づけ，責任転嫁，言い訳など。

置き換え：憎悪の対象が特定の人に向けられたとき，それが社会的に容認されない場合，他の人・動物・物に置き換えて欲求を満たすこと。

昇華：欲求を直接満たすことが社会的に容認されないとき，それを社会的に承認される形で満たし，より高次元の活動へ方向づけることで，一種の「置き換え」。例として，愛児を捨てた親が，心の痛みを児童教育書に託して思想家となることなど。

補償：自分の心身の欠陥や劣等感の克服を，他の特徴を伸ばし，他人に勝ることによって達成すること。例として，身体の弱い子どもが勉強に熱中する行動など。

退行：赤ちゃんがえり

代償：（正・負の）衝動を本来の対象や目標へ向けずに，別の目標へ向ける。行動目標への到達が難しいとき，あるいは欲しいものが得られないとき，到達可能な他の目標や事物に置き換え，欲求を満たすこと。例として，子どものいない夫婦がペットをかわいがることなど。

反動形成：抑圧された自分の欲求とは反対の傾向を持つ行動や態度をとること。それを自覚すると自我が傷つくような衝動が抑圧され，その代理としてそれと正反対の態度や行動が表出される。例として，いんぎん無礼（表面は礼儀正しいように見えるが実は無礼なこと），好きな子にいたずらするなど。

逃避：障害に出会ったとき，合理的解決を避けて自己を守ろうとすること。例として，「逃げるが勝ち」，空想の世界へ逃避したりすることなど。

退行：「逃避」の一種で，乳幼児的な行動様式をとって欲求を満たすこと。例として，赤ちゃんがえりなど。

攻撃：攻撃したり破壊的行動をすることで，緊張緩和を試みること。例として，「攻撃は最大の防御」，居直り，開き直りなど。

攻撃：ものにあたる

第 9 章

日本の教育実践者たち

1 林竹二とソクラテスの思想

　林竹二[★]は子どもの真の生命の輝きを再び取り戻すために，**ソクラテス**の「問答法」に基づいた「授業論」を提言し，同時に自ら教壇に立って実践した。ソクラテスの場合，問答はいわゆる**ドクサ**（俗見）の吟味として行われる。

　そのドクサとは「ひとが自然に持ち合わせている，あるいは借り物の意見」であり，大人であれば彼の持ち合わせている，いわばレディ・メードの意見で，実質的には世間の通念として定義されている。

　世間一般に考えられ，皆の中にいつの間にか染み込んでいるドクサを自分の考えであると思い込んでいる人が，それをそのまま自分の意見として発言しただけではソクラテス的問答法は成立しない。

★林竹二（1906～1985）：栃木県矢板市に生まれ，東北学院に学んだ後，1934年に東北帝国大学法文学部哲学科（旧制）を卒業。専攻はギリシア哲学で，後に日本の思想史，教育史へと研究の幅を広げる。戦後まもなくして，復員した学徒のために私塾を開き，8年間ソクラテス，プラトン，論語，資本論等の講義を継続する。1946年には A. E. テイラーの『ソクラテス』の注釈つき翻訳を出版している。主要論文としては，「ソクラテスにおける人間形成の問題」「森有礼研究」（ともに『東北大学研究年報』）が挙げられる。1953（昭和28）年から東北大学教育学部教授，同大学学部長を歴任。教育学部と教職課程を分離し，宮城教育大学として独立させる計画が浮上したが，林はこの動きに終始一貫して反対し続けた。1969（昭和44）年6月，全国的な大学紛争が起きる最中に，宮城教育大学の第二代学長に就任。その半年後，研究棟がバリケード封鎖されると，林自ら学生との対話を求めてバリケード内に入った。対話の間，バリケード内で二時間余ぐっすりと睡眠した，といういかにも林の豪快な人間性が伝わるこうした一連の行動は，彼の教育観・人間観に裏打ちされたものと思われる。結果的に，全国でもめずらしく機動隊導入によらない自主解決の大学となった。1972（昭和47）年には学長に再選され，1975（昭和50）年6月に退官。

相手の人間が持ち合わせている考え方をいったん厳しい「吟味」にかけ否定することを通して，自分の意見の維持しがたいことを腹の底から自ら納得してはじめてその通俗的な物の見方や感じ方からその人間は解放されてゆく。

林はソクラテスの問答法に依拠した人間形成論を構想し，自らも実践した。晩年は，足尾鉱山事件の田中正造の研究を深め，評伝を執筆。また，**斎藤喜博**の小学校での教育実践の影響を受け，全国各地の学校を巡回して，自らソクラテス的な対話重視の授業実践を試みた。

『授業・人間について』は，単行本として刊行されたほかに「グループ現代」により映像化され，さらに写真集も出版されている。小学生を対象に行った授業で，野生児**アマラ**と**カマラ**の絵を教材として提示し，「人間とは何か？」という主題で，授業の本質論を深めた。

林は，1966（昭和41）年頃から，全国の小・中・高校で，「人間について」「開国」「田中正造」「創世記」等を題材としておよそ300回の授業を実施した。しかしながら，1976（昭和51）年10月，北海道で授業を行っていたときに発作を起こして林は倒れてしまう。肉体的にも精神的にも限界のぎりぎりのところで，教育実践を行っていたことになる。

深さのある授業

ソクラテスの「問答法」を基盤としつつ，林によれば，「深さのある授業」とは，たんなる知識の伝達ではなく子ども自身との格闘を含んでおり，自分がこうだと思い込んでいた既成概念が，教師の発問によって揺らぎ出すこと，つまりソクラテス的吟味から始まる。

ただ借り物の知識の操作だけがあって，学習が存在しないのが現在の授業の実態ではないか，と考える林は教師の「発問」というものを，一人の子どもの魂を生かしも殺しもするほど重要な働きをする「ソクラテス的吟味」として位置づけている。

教師の「発問」とは子どもらの意見を厳しく「吟味」にかけて子どもの魂（内部）を裸にして眺める作業にほかならない。教師が子どもたちの発言を厳しく吟味し，本当の子どもの姿が教師の前に現れ，そこではじめて子どもは学習の主体となり，真の授業が成立する。

2　授業のカタルシス作用

　林竹二は，「学問」や「授業」をすることはまさに**「カタルシス（浄化）作用」**にほかならず，その方法が俗見の「吟味」であると明言する。教師の「発問」を通して，子どものにわか仕込みの借り物の意見を徹底的に吟味することにより，子どもはそこから自分との精神的な魂の格闘を始め，そうした過程で，自分の無知を悟ったものは大きな喜びを感ずるようになるという。

　無知というのはけがれであって，学んだことによって子どもはこのけがれから解放され清められる。こうした考え方は，ソクラテスの「カタルシス（浄化）作用」と類似のものであり，ソクラテス研究家である林竹二は，それゆえに学問や教育，授業をすることは，まさにカタルシス（浄化）作用にほかならないと明言したのである。

　「カタルシス（浄化）作用」とは，人間の既成概念や通俗的見解というものを吟味し，人の心に垢のように付着している塵芥を洗い去り，そして魂を清める営みであるといえる。

　いずれにせよ，一人の子どもが本当に魂の深みで教師の真実の発問を受け止めることによって，子どもの魂が吟味され，浄化されていく。その過程ではじめて，子どもの深みにまどろんでいた真なる宝が徐々に浮かび上がり，その瞬間その子どもの表情の美しさはたんに内的精神的なものにとどまらず，子どもの肉体的表情にも読み取れる，と林竹二は自

身の教育実践を踏まえて，カタルシス（浄化）作用の本質を私たちに提示してくれる。

3　ケーラーの実験

　第4章でも紹介したドイツの**ケーラー**は，下図のような袋小路を造ってそこにさまざまな動物を入れ，柵の向こう側にその動物の欲しがるもの（餌）を置き，動物がその餌を手に入れるために，どのような行動をするかを観察した。

　動物の左手は壁で，右手は柵で囲まれた四角の土地があり，その四角をぐるっと回れば柵の向こう側に出られて餌を手に入れることが可能になる。動物が回り道さえできれば，それを邪魔するものは一つもない。

　ケーラーは，はじめに1歳3か月の自分の娘で実験してみた。娘の好む人形を柵の向こうにおいて，娘がその人形を見つけたとき，どのように反応するかを観察した。娘は人形を見つけるとニコッと笑って，柵を

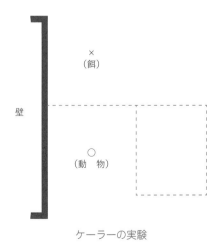

ケーラーの実験

ぐるりと回って，すぐに人形のところへ到着して，欲しいものを手に入れることができた。

　次は犬を使って実験した。犬も回り道ができた。あたりを見回してぐるっと向きを変えて，自分の欲しいものと逆の方向に向かって走り出し，その結果，みごとに餌を獲得できた。

　ケーラーは，次に同じ犬を使ってもう一つ「別の」の実験を行った。別の実験といってもほとんど同じで，ちがうのは，柵の向こうに置く餌を，前よりも犬に近いところに置いて，犬がどうするかを観察した。果たして犬はどのような態度をとっただろうか。

　結果として餌が近くに置いてあったため，犬の考える力がなくなって，柵を回れなくなってしまった。つまり餌が近くにあると，犬の嗅覚を刺激する。嗅覚は，犬の考える力を削いでしまう働きがあるために，回り道ができずに餌を手に入れることができなかった。

　これは動物の本能に関係していることがらで，生まれつき働く強い力で「飛んで火に入る夏の虫」というような行動を本能的にとることがある。虫は，明るいところを見ると，そこへまっすぐに突っ込んでいく。高等な動物も，「飛んで火に入る夏の虫」のような状態から徐々に進化してきたが，強い刺激にあうと元に戻ってしまうことがある。嗅覚にはそういう本能的な行動を取らせる力が強いことがわかる。

　人間にも本能があり，時々の状況の中でどうするのが一番正しく，最善かを考えて行動することが求められる。そうした人間らしい判断や思いやり，行動ができるようになるためには，さまざまな訓練や正しい習慣づけや勉強が必要になってくるのだが，しかし人間は勉強ができても，うっかりすると動物のような行動に逆戻りする危険もある。

　人間は理性的な動物で，正しく判断し，その判断どおりに行動することができる。しかし人間も動物の一種だから，動物に逆戻りすることもある。人間もまた，鼻の先に欲しいものを置かれた犬が餌のところにたどり

つけなかったようなことにならないよう注意しなければならない。

4　授業で子どもが抱いている不安の感情

　子どもとは，元来，自分の力で自分を支えて生きることができない存在であるために，「頼りなさ」を包摂しており，授業において不安の感情が生ずるのは自然なことである。

　「不安の感情」を持つもう一つの理由は，教師との関係から派生する。教師は子どもに対して一種の権力者といえる。なぜなら成績評価の任務が教師に託されている限り，「教師＝権力者」という構図は，良くも悪くも避けて通れないからである。

　そのために，子どもはテストに合格できるのか，進級できるのかという不安を持つのは当然の心理であり，その意味で林は，子どもが不安に

授業を本当に始めるには……

囚われている限り，本当の意味での「授業」は開始されないと明言している。

　子どもがそうした不安から解放されて，その心が教師に向かって開かれる時にはじめて，子どもにとって真の意味での「授業」は始まると林は主張した。

5　授業が成立する条件

　子どもたちは，自らの心の奥底をよぎるものを，精密に表現する力を持っており，教師がそれを引き出せたときにはなにものにも代えがたい感動がある。林は教育者**斎藤喜博**との対談の中で，授業とは「子どもへ

子どもが主体の授業

の問いかけを通じて，子どもの思考を一つの問題の追究にまで組織する仕事ではないだろうか」と述べている。

　子どもが主体であることと，教師が厳しく授業を組織することは，一見，相容れないように思われるが，「授業が成立する」とは，一つのクラスを構成する子どもたちが，ともに一体となって授業の中に入り込んでいる状態を指し示すと林は考えている。

　つまり子どもたちが共同して一つの問題を追究し始めたことを意味するのであり，そしてそれはさらにクラスの子どもたちが「授業の主体」となったということでもある。

　林はかねてより，子どもが授業の主体でなければならないと主張してきたが，それもまた教師が最も厳しく授業を組織するときだけ，真の意味で「深い授業」が成立する。この指摘は一見矛盾することがらゆえにまことに興味深いのであるが，この一点が忘れ去られると，子どもの主体性を尊重するという名のもとに，教師不在の内容の浅い授業しか展開できないことになる。

6　ドクサからの解放

ソクラテスが「反駁<ruby>はんばく</ruby>」を教育の中心課題に据えたのは，「人間とは例外なく無知である」という認識がソクラテスの教育活動の出発点になっていたからである。ソクラテスが生涯をかけて問題にしたのは，人間が生きるために決定的に大切なものは善や美の知識であり，それらが欠けると，人は必然的に「似て非なる」知識（**ドクサ**）に囚われて生きざるをえなくなるという問題意識だった。

　それでは，ドクサに囚われて生きていると人間はどうなるのだろうか？　本当は悪なのに善であるように見えているものを，善と信じ思い

ドクサのいろめがねを外してみると善や美が見えてくる

込んで生きていくことになる。ソクラテスは真の知識の所有は，人がド
クサから解放されることであると考え，その方法としての「反駁」つま
り，問答によるドクサと人間の吟味を自己の任務とした，と林は考えて
いる。

7 「一つの峠を越えた」という経験

　教師の仮借ない吟味を通して，子どもたちは，自分の古い意見が維持
しがたいことを思い知るようになる。ソクラテス流にいえば子どもたち
はそのとき「**ドクサからの解放**」を経験し，その「**ドクサからの解放**」
を経験してはじめて，子どもたちは自分の常識的なものの見方を突破し
そこから抜け出ることが可能となる。
　子どもの眼が輝き，子どもが新鮮になるのはそのような瞬間なのであ
る。いわゆる民主的な話し合いや，自主学習で，各自が意見を出し合っ
て，もっともらしい結論を出したり，手際よく意見をとりまとめたとこ

一つの峠を越えたと思えること

ろで，子どもの眼が輝くという「鮮烈な経験」は起きようがない。

　林は斎藤の教育技術には「教える」技術よりも，子どもが本来持っている力を引き出す技術のほうが強いと指摘している。こうした授業を通して「反駁」の役割はきわめて大きく，それゆえより大切なのは，子どもが到達した地点ではなく，子どもに「一つの峠を越えた」という経験をさせることであるという。

　しかもこれが可能となるには，教師の十分な力量と方法があってのことであり，民主主義が浅く形式的に捉えられてしまうと，子どもの自主性を尊重するという美名のもとに，授業での本質的な厳しさが失われていくことにもなりかねない。

8　東井義雄の思想と実践

　東井義雄は，兵庫県いや日本を代表する教師・教育実践者の一人であ

るといっても，おそらく否定する者はだれもいないであろう。単著や共
著等を含めても百余冊（公刊されているものに限ると著書47冊，共著を
含む），さらには論文や実践記録等掲載雑誌を含めると900冊あまり（公
刊されているものに限ると論文・実践記録，214編）を残しているとい
う点できわめて優れた教育思想家であり著述家であった。

　しかし東井義雄の真骨頂はなんといっても，それらの膨大な出版物や
執筆活動をさらに凌ぐすばらしい数々の教育実践がわれわれを魅了する
点に存するように思われる。

東井義雄（1912〜1990）

　兵庫県出石郡に生まれる。6歳で母と死別。11歳で旧制中学に入学するものの，貧
困のために進学を断念。進学の夢が捨てられず，学費の安い，兵庫県姫路師範学校へ
入学し勉学に励む。昭和7年に20歳で豊岡尋常小学校へ着任。生活綴方教育に情熱
を傾ける。26歳で富美代夫人と結婚。この頃に，教え子の質問に端を発した「のどび
こ事件」を通じて，「生かされている」気づきを体験する。47歳で相田小学校校長と
なる。この頃から『授業の探究』等の著作活動が深化する。1990年78歳のとき，小学
校教諭をしていた長男が授業中に倒れ，意識不明となる。79歳のとき，自転車で手紙
を投函しに行く途中で車と接触し，急性硬膜下血腫で逝去。

児童詩「ぼくのした動け」

　「私」はたしかに生きているのだが，その根底に「私」を超えた力が
働いており，そのおかげで「私」は生かされている。東井義雄はよく5
歳の幼児の次の言葉を援用している。

　　　「ぼくのした動け」
　　　というたときは
　　　もう動いたあとや
　　　ぼくより先に
　　　ぼくのした動かすのは何や

　教育学者の今井伸和はこの詩を紹介しつつ，この「何や？」の問いは，
たとえ科学がどれほど発達しようとも，答えられない不思議としか言い
ようがないと指摘している。もちろん，舌は脳の指示によって動いてい
るのだが，それではその脳を動かしている，もとのものは何かと順に問
うていくと，なぜこの「私」が今ここに存在するのかという存在論にま
でたどりつき，結局，子どもの問いに答えることはそうたやすいことで
ないことに気づかざるをえなくなる。東井義雄はまさにこの不可思議な
働きとしての「いのち」そのものに目を向けていくのである。

井上和昌先生とM君との出会い

　東井義雄は『子どもの何を知っているか』の中で，いのちといのちの
出会いについて，以下の興味深い論考を展開している。

　東井義雄が八鹿小学校の校長をしているとき，M君というかなりやん
ちゃな子どもがおり，「すえおそろしい」子どもといわれていた。掃除
当番でも一切責任を放棄し，授業参観の日で保護者がたくさんいるよう
な状況でも平気で教室や廊下を歩き回り，クラスの仲間の頭を叩いて回

るような子どもだった。そんなM君が小学校３年生になって，井上和昌という教員がM君の担任教師となったときの話を東井義雄は以下のように紹介している。

　はじめてクラスに入ったときも，M君はあいかわらず，自分の席を離れて，仲間の頭を叩いて回っていた。ところが，興味深いことに井上先生は，すぐに「ぼくの子どもの頃とよく似ているな！」「うちの３年生の息子とよく似ているな！」と感じたという。

　東井によれば，井上先生はM君を「困った子」としてではなく，「なつかしい子」として理解したのである。こうした教師との劇的出会いからM君の態度は急激に良い方向に変化し始めたのである。やんちゃばかりしていたエネルギーが，まじめに掃除をする態度に転換され始め，さらに自分の席に座って授業を真剣に受け始めるように完全に変化していったのである。今井伸和はその事実を次のような東井の言葉で紹介している。

　「子どものいのちの袋の中には，いろんな宝物が入っています。その宝物は子ども自身さえ知らずにいるのです。教師がそれを見つけてやらなければ」というものである。この例示は，いかに教師の子どもへの愛情や信頼が必要であり，またきわめて大切なものかということがわかる指摘である。

9　児童詩「かつお（かつおぶし）」

　子どもたちがどのようなことをいおうと，その背後には子どもなりの理屈があり，教師はそれを受け止めなければならないと東井はいう。このことがみごとに浮き彫りにされている事例として，綴方教育における一人の子どもの詩「かつお（かつおぶし）」を紹介してみよう。

けさ　学校に来がけに
ちょっとしたことから母と言いあいをした
ぼくはどうにでもなれと思って
母をぼろくそに言い負かしてやった
母が困っていた
そしたら　学校で　昼になって
母の入れてくれた弁当の蓋をあけたら
ぼくのすきなかつおぶしが
パラパラと　ふってあった
おいしそうに　におっていた
それを見たら　ぼくは
けさのことが思い出されて　後悔した
母は　いまごろ　さびしい心で
昼ごはんたべているだろうかと思うと
すまない心が
ぐいぐい　こみあげてきた

ちょっとしたことから言いあいになっても……

「すまない心」がこの子の中から「ぐいぐいこみあげてきた」。なぜなら，この子どもの最内奥の素直な気持ちがこみあげている状態にあるからだという。これとの関連で東井義雄は，「作者（詩を作った小学生）はかつおのかおりの中に，ほんもののかおりをかいで，ハッとしたのだ。ほんものの母親にであったのだ」と述べる。

今井伸和によれば，私たちが自分の心の醜さに気づくのは，心が本当にきれいな人に出会った場合であり，換言すれば偽りの自分に気づくのは，本物の人間に出会った場合であると見事に指摘している。

私見によれば，これも**ドクサ**（俗見）から**エピステーメー**（真理）への移行であり，**シュプランガー**のいう「教育は**覚醒**である」の具体例ともいえよう。

母親を口で言い負かしたと得意げになっていた自分が，母親の作ってくれた心のこもったお弁当に気づくことで，後悔する心がこみあげてくる。そのことによって，「母のまごころ」に出会えたのである。

10　生かされている自分への覚醒

のどびこ事件

東井義雄25歳のときのきわめて有名なエピソードに「のどびこ事件」がある。当時，東井は高等小学校の教師で学級担任をしているときにその事件が起きた。3学期の授業が終わり，何か質問はないかと東井が子どもたちに問いかけたときに，決定的な出来事が起きた。

北村君という子どもが手を挙げて「あーと口を開けると，喉の奥に，ベロッとさがった，ぶさいくなものが見えていますが，あれ，なにするもんですか？」と東井に問うたというのである。東井は即答ができなかったために，「北村君，すまんけど先生知らんわい。今日，帰って調べ

て来るからな，明日まで待ってくれや」と率直に返事をしてその晩，「のどびこ」の働きを調べることとなった。そこで次の事実がようやくわかり，東井はある種の感動を味わうことになる。

　鼻から吸った息が肺にいく気管の道と，口から入った食べ物が胃袋へいく食道の道とに喉のところで，道が二つに分岐している。食物がまちがえて気管の方へいくと最悪，窒息して死んでしまう。そういうことが起こらないように，「のどびこ（口蓋垂）」がぴったりと気管の入口に蓋をしてくれるおかげで，まちがいなく食物が胃袋に入るということがわかったときに，東井は「殴りつけられたような気がした」と記している。

　この「のどびこ」は，生まれたときから働きづめで働いてくれているのに，東井自身も「ご苦労さんやなあ」と思ったことは一度もなかった

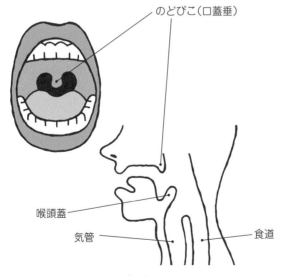

のどびこと喉頭蓋

　正確には，気管に蓋をするのは喉頭蓋である。粘膜に覆われた軟骨でできた喉頭の組織で，舌根の後方にあり，食物を飲み込むとき，喉頭を閉じて，気管に入ることを防ぐ働きをする。その結果として食物が食道へ流れ込むようにする。

と自身の傲慢さに気づいたという。

　東井は，同様のことは，他の諸器官についてもいえることを認識した。眼でいえば，眼のおかげで外界のものが見え，耳のおかげで外界の音が聞こえる。息が出たり入ったりしているが，これが止まったら人間の生存は終わりを迎える。夜も昼も日曜でさえも，一生懸命に，諸器官は自分のために働いてくれていることを深く理解した東井は，この事件以降，「どうか，生きるということを，粗末にするな，しっかり生きてくれよ」と子どもたちに，生命尊重の視点を意識的に働きかけるようになるのであった。

教育史年表

西 洋

BC 9世紀	ホメロス『イリアス』『オデュッセイア』〔希〕
BC 830頃	スパルタ，リュクルゴスの法〔希〕
BC 776	第1回オリンピア競技〔希〕
BC 753	ローマ建国紀元元年（伝説）
BC 594	ソロンの立法により父母の教育義務定まる〔希〕
BC 500-449	ペルシア戦争
BC 400頃	ツキジデス『戦史』〔希〕
BC 399	ソクラテス，毒杯を飲んで処刑〔希〕
BC 387	プラトン，アカデメイアを開設〔希〕
BC 335	アリストテレス，リュケイオンに学園を開く〔希〕
BC 50頃	キケロ『雄弁家論』〔羅〕
68	クインティリアヌス，修辞学校を開く〔羅〕
95	クインティリアヌス『雄弁家の教育』〔羅〕
313	ローマ帝国，キリスト教公認
375	ゲルマン民族の大移動
395	ローマ帝国の東西分裂〔羅〕
397	アウグスティヌス『告白』〔羅〕
476	西ローマ帝国崩壊〔羅〕
962	この頃ボローニャに法律学校ができる（中世大学の先駆）〔伊〕
1096	第1回十字軍遠征はじまる
1150	パリ大学創設〔仏〕
1167	オックスフォード大学創設〔英〕
1200	朱子没，朱子学派の成立〔中〕
1209	ケンブリッジ大学創設〔英〕
1215	イングランド王，「マグナ・カルタ」に署名〔英国〕
1313	ダンテ『神曲』〔伊〕
1423	ヴィットリーノ「楽しい家」〔伊〕
1440	イートン校設立〔英〕
1441	グーテンベルク，活版印刷を発明〔独〕
1477	テュービンゲン大学設立〔独〕
1497	レオナルド・ダ・ヴィンチ「最後の晩餐」〔伊〕

1509	エラスムス『愚神礼讃』〔蘭〕
1511	エラスムス『学習方法論』〔蘭〕
1516	トマス・モア 『ユートピア』〔英〕
1517	ルター『教理問答書』，宗教改革運動はじまる〔独〕
1522	ルター『新約聖書』独訳刊〔独〕
1529	エラスムス『幼児教育論』〔蘭〕
1534	ラブレー『ガルガンチュア物語』キケロ主義を批判〔仏〕
1567	ラグビー校設立〔英〕
1612	ラトケ，母国語を重視，帝国議会に学校改革意見書を提出〔独〕
1620	ベーコン『新オルガノン』〔英〕
1633	ガリレオの宗教裁判〔伊〕
1637	デカルト『方法序説』〔仏〕
1644	ミルトン『教育論』〔英〕
1657	コメニウス『大教授学』〔チェコ〕
1658	コメニウス『世界図絵』〔チェコ〕
1678	バニヤン『天路歴程』第1部〔英〕
1684	ラ・サール，キリスト教学校同盟を設立〔仏〕
1687	フェヌロン『女子教育論』〔仏〕
1690	ロック『人間悟性論』〔英〕
1693	ロック『教育に関する一考察』〔英〕
1719	デフォー『ロビンソン・クルーソー』〔英〕
1726	スウィフト『ガリバー旅行記』〔英〕
1732	フランクリン『貧しいリチャードの暦』〔米〕
1748	モンテスキュー『法の精神』〔仏〕
1762	ルソー『エミール』『社会契約論』〔仏〕
1763	フリードリヒ大王「一般地方学事通則」〔独〕
	ラ・シャロッテ『国民教育論』〔仏〕
1774	バセドウ，デッサウに汎愛学院を開設〔独〕
1776	アダム・スミス『国富論』〔英〕
	カント『教育学』〔独〕
1779	ジェファーソン「知識普及促進法案」〔米〕
1780	ペスタロッチ『隠者の夕暮れ』〔瑞〕
	ザルツマン『蟹の書』〔独〕
1781	ペスタロッチ『リーンハルトとゲルトルート』〔瑞〕
1792	コンドルセ，公教育改革案 『公教育論』〔仏〕
1795	ゲーテ『ヴィルヘルム・マイスターの修業時代』〔独〕
1797	ペスタロッチ『探究』〔瑞〕
1801	ペスタロッチ『ゲルトルート児童教育法』〔瑞〕
1804	ヘルバルト『ペスタロッチの直観の ABC の理念』〔独〕

1806	ヘルバルト『一般教育学』〔独〕
1807	フィヒテ『ドイツ国民に告ぐ』〔独〕
1808	ゲーテ『ファウスト』第1部〔独〕
1812	グリム童話〔独〕
1813	オーエン『新社会観』〔英〕
1816	オーエン，ニューラナークに性格形成学院を設立〔英〕
1818	J．ミル『教育論』〔英〕
1826	フレーベル『人間の教育』〔独〕
	ペスタロッチ『白鳥の歌』〔瑞〕
1829	ゲーテ『ヴィルヘルム・マイスターの遍歴時代』〔独〕
1833	ギゾー法〔仏〕
1835	ヘルバルト『教育学講義綱要』〔独〕
1837	ホレース・マン，マサチューセッツに初の州教育委員会設置〔米〕
1840	フレーベル，一般ドイツ幼稚園を創設〔独〕
1859	ダーウィン『種の起源』〔英〕
	トルストイ，ヤースナヤ・ポリャーナ校を開設〔露〕
1860年代	オスウィーゴー運動〔米〕
1861	スペンサー『教育論』〔英〕
1862	トルストイ『国民教育論』〔露〕
1867	マルクス『資本論』〔独〕
1870	フォースター法（就学義務規定）成立〔英〕
1889	セシル・レディ，アボッツホルムの学校を創設〔英〕
	ラングベーン『教育者としてのレンブラント』〔独〕
1899	ドモラン，ロッシュの学校を開設〔仏〕
	ナトルプ『社会的教育学』〔独〕
	デューイ『学校と社会』〔米〕
1900	エレン・ケイ『児童の世紀』〔スウェーデン〕
1903	ライト兄弟，飛行機を発明〔米〕
1904	ウェーバー『プロテスタンティズムの倫理と資本主義の精神』〔独〕
1905	アインシュタイン「特殊相対性理論」
1909	モンテッソーリ「モンテッソーリ法」〔伊〕
	メーテルリンク『青い鳥』〔白〕
1910	ケルシェンシュタイナー『公民教育の概念』〔独〕
1912	ケルシェンシュタイナー『労作学校の概念』〔独〕
1914-18	第一次世界大戦
1915	クループスカヤ『国民教育と民主主義』〔露〕
1916	デューイ『民主主義と教育』〔米〕
1917	スミス・ヒューズ法（職業教育の振興）〔米〕
	フロイト『精神分析入門』〔墺〕

1919-55	進歩主義教育協会〔米〕
1918	キルパトリック「プロジェクト・メソッド」〔米〕
	フィッシャー法〔英〕
1919	シュプランガー『文化と教育』〔独〕
	ウォッシュバーンによるウィネトカ・プラン〔米〕
	コンパニヨン協会〔仏〕
	シュタイナー「自由ヴァルドルフ学校」創設〔独〕
1920年代	モリソン・プラン〔米〕
1920	パーカースト「ドルトン・プラン」〔米〕
1924	ペーターゼン「イェーナ・プラン」〔独〕
1927	ハイデッガー『存在と時間』〔独〕
1930年代	ヴァージニア・プラン，カリフォルニア・プラン〔米〕
1932	ラッセル『教育と社会体制』〔英〕
1933	マカレンコ『教育詩』〔露〕
1938	エッセンシャリスト宣言〔米〕
1939-1945	第二次世界大戦
1946	フランクル『夜と霧』〔墺〕
1947	ランジュバン・ワロン教育改革案〔仏〕
1948	ウィーナー『サイバネティックス』〔米〕
	世界人権宣言「教育を受ける権利」が国連総会で採択
1956	ブーバー『教育論』〔イスラエル〕
1957	スプートニク打ち上げ〔ソビエト〕
1958	国防教育法〔米〕　フルシチョフ教育改革〔ソビエト〕
1959	クラウザー報告〔英〕　コナント報告書，ウッズ・ホール会議〔米〕
	ボルノー『実存哲学と教育学』〔独〕　ベルトワン改革〔仏〕
1960	ブルーナー『教育の過程』〔米〕
1960	ブレーメン・プラン〔西独〕
1965	ラングラン，生涯教育についてユネスコで提起
1966	中国文化大革命（社会主義化の促進）〔中〕
	ユネスコ，教員の地位に関する勧告
1967	プラウデン報告〔英〕
1970	シルバーマン『教室の危機』〔米〕
1973	OECD，「リカレント教育——生涯学習のための戦略」発表
1975	アビ改革〔仏〕
1983	アメリカ教育省諮問委員会『危機に立つ国家』〔米〕
1985	ユネスコ，学習権宣言
1989	ユネスコ，児童の権利条約
1997	京都議定書（気候変動枠組条約第3回締約国会議で採決）

日　本

5 世紀頃		漢字・儒教が伝わる
6 世紀頃		仏教が百済から伝わる
600		遣隋使を派遣（大陸文化の摂取）
604		聖徳太子が十七条憲法を制定
645		大化の改新
671		百済貴族の鬼室集斯が学職頭に任ぜられる
		庠序が創建される
701		大宝律令の制定　大学・国学の設置
712		『古事記』成る
720		『日本書紀』成る
771頃		石上宅嗣が芸亭を開設
805		最澄，天台宗を開く
806		空海，真言宗を開く
818		最澄『山家学生式』
821		藤原氏，勧学院を開く
828		空海，綜芸種智院を開設
844		橘氏，学館院を開設
1175		法然，浄土宗を開く
1224		親鸞『教行信証』
1231-53		道元『正法眼蔵』
1253		日蓮，法華宗（日蓮宗）を開く
1275頃		北条実時が金沢文庫を開設
1402		世阿弥元清『風姿花伝（花伝書）』
1432		上杉憲実，足利学校を再興する
1549		キリスト教が伝わる
1580		織田信長が安土に天主教学校設置を許す
1592		豊臣秀吉，キリスト教布教を禁ずる
1630	寛永 7	林羅山，上野忍岡に家塾「弘文館」を開く
1641	寛永18	中江藤樹，家塾「藤樹書院」を近江に開く
		池田光政が熊沢蕃山を招き藩学「花畠教場」を開く
1662	寛文 2	伊藤仁斎，京都の堀川に「古義堂」（堀川塾）を開く
1665	寛文 5	山鹿素行，古学を唱える
1675	延宝 3	岡山藩主池田光政，郷学「閑谷学校」を設立し，庶民の入学を許可
1691	元禄 4	林家塾が湯島に移転
1710	宝永 6	貝原益軒『和俗童子訓』

138

		この頃，荻生徂徠が家塾「蘐園塾」を開く
1716	享保 1	徳川吉宗の享保の改革が始まる
1719	享保 4	長州藩が藩学「明倫館」を萩に建てる
1729	享保14	石田梅岩，心学を唱える
1755	宝暦 5	熊本藩，藩学「時習館」を建てる
1757	宝暦 7	本居宣長，家塾「鈴屋」を建てる
1773	安永 2	薩摩藩，藩学「造士館」を起こす
1776	安永 5	米沢藩が藩学「興譲館」を開く
1790	寛政 2	松平定信，寛政の改革，寛政異学の禁（朱子学を正学とする）
1797	寛政 9	昌平坂学問所（昌平黌）を官立とし，管理を林家から幕府に移す
1798	寛政10	本居宣長『古事記伝』
1805	文化 2	広瀬淡窓，家塾「桂林荘」を開く
1815	文化12	杉田玄白『蘭学事始』
1817	文化14	広瀬淡窓，「桂林荘」を「咸宜園」と改名する
1823	文政 6	シーボルト，長崎郊外に「鳴滝塾」を開き，医学・自然科学を教授
1838	天保 9	緒方洪庵，大阪に蘭学の「適塾」を開く
1839	天保10	高野長英，渡辺崋山が捕らえられる（蛮社の獄）
		水戸藩が藩学「弘道館」を着工，1841年開館
1853	嘉永 6	ペリーが浦賀に来る
1856	安政 3	吉田松陰，萩に「松下村塾」を開く
1858	安政 5	福沢諭吉，江戸に蘭学塾を開く（後の慶応義塾）
1866	慶応 2	福沢諭吉『西洋事情』
1869	明治 2	昌平黌を大学本校，開成学校を大学南校，医学校を大学東校に改組。後の東京大学になる
1871	明治 4	文部省が設置される
1872	明治 5	学制序文（学事奨励に関する「被仰出書」：太政官布告）および「学制」の公布
		福沢諭吉『学問ノススメ』
1873	明治 6	徴兵令，地租改正条例公布　明六社の創立
1875	明治 8	新島襄が同志社の前身である同志社英学校を設立
1876	明治 9	札幌農学校の設立
1877	明治10	東京大学が開校
1879	明治12	元田永孚によって「教学大旨」（教学聖旨）が示される
		「学制」を廃止し，「教育令」（自由教育令）を公布する
1880	明治13	「改正教育令」（干渉教育令）
1881	明治14	「小学校教員心得」制定　「小学校教則綱領」制定
1882	明治15	大隈重信が早稲田大学の前身である東京専門学校を設立
1885	明治18	太政官制を廃止し，内閣制度創設。伊藤博文が初代総理大臣，森有礼が初代文部大臣に就任

1886	明治19	「教育令」を廃止し、「帝国大学令」「師範学校令」「中学校令」「小学校令」「諸学校通則」を公布。教科書検定制度発足
1887	明治20	ハウスクネヒトが来日。ヘルバルト主義を紹介する
1889	明治22	大日本帝国憲法発布
1890	明治23	「教育ニ関スル勅語」渙発（元田永孚・井上毅起草）
		小学校令公布（明治19年の小学校令廃止）　慶応義塾大学部発足
1897	明治30	京都帝国大学開設
1900	明治33	小学校令を改定し、義務教育を 4 年とする
		津田梅子，女子英学校（のちの津田塾大学）を設立
1903	明治36	国定教科書制度が成立する（前年の教科書疑獄事件のため）
1907	明治40	義務教育年限を 6 年に延長
		東北帝国大学創設
1908	明治41	戊申詔書発布（社会不安鎮静のため，綱紀粛正）
1909	明治42	沢柳政太郎『実際的教育学』
1911	明治44	九州帝国大学創設
1912	明治45	及川平治『分団式動的教育法』
1913	大正 2	芦田恵之助『綴り方教授』
1917	大正 6	「臨時教育会議」開始
		沢柳政太郎，成城学園を創立（日本で初めてドルトン・プラン導入）
1918	大正 7	大学令公布（私立大学等が増設）　鈴木三重吉『赤い鳥』創刊
1919	大正 8	下中弥三郎ら，啓明会を設立
1921	大正 9	羽仁もと子，自由学園を設立　八大教育主張の講演会開催
1922	大正10	全国水平社設立
1924	大正12	野口援太郎ら，「池袋児童の村小学校」を開校　赤井米吉が明星学園を開く
1925	大正13	治安維持法，普通選挙法成立
1929	昭和 4	生活綴方運動や北方教育運動などのプロレタリア教育運動起こる
		小原国芳が玉川学園を設立
1933	昭和 8	京大滝川事件
1935	昭和10	青年学校令公布
1937	昭和12	『国体の本義』刊行
1941	昭和16	国民学校令公布
1943	昭和18	中等学校令公布　大学令改正　学徒出陣
1945	昭和20	「戦時教育令」を公布
1945	昭和20	ポツダム宣言を受諾。GHQ が軍国主義禁止を指令
		「修身・日本歴史オヨビ地理停止ニ関スル件」
1946	昭和21	第 1 次アメリカ教育使節団報告書提出。教育刷新委員会設置
		日本国憲法公布（11月 3 日。施行は半年後の 5 月 3 日）
1947	昭和22	教育基本法，学校教育法公布・施行

		学習指導要領 [試案] の公布
		新学制による教育開始
		日本教職員組合結成
1948	昭和23	教育委員会法成立
1949	昭和24	教育職員免許法，社会教育法成立
1950	昭和25	第2次アメリカ教育使節団来日，勧告
		GHQ の指令により，レッド・パージ始まる（共産党員等の公職・企業等からの追放）
1951	昭和26	学習指導要領改訂（試案）
1952	昭和27	義務教育費国庫負担法　中央教育審議会設置
1954	昭和29	中央教育審議会答申「教員の政治的中立性維持に関する答申」が出される　「教育二法」成立
1956	昭和31	教育委員会任命制となる　教科書検定始まる
		「地方教育行政の組織および運営に関する法律」
1958	昭和33	小・中学校で「道徳の時間」特設される
		学習指導要領改訂（法的拘束力を備える）
1962	昭和37	義務教育諸学校の教科用図書の無償に関する法律
1964	昭和39	東京オリンピック
1965	昭和40	家永三郎，国に対して教科書検定は違憲であるとして提訴
1966	昭和41	中央教育審議会第20回答申の別記として，「期待される人間像」を発表
1967	昭和42	家永三郎，検定合格取り消し訴訟に勝訴
1968	昭和43	学習指導要領改訂（情操の陶冶）
1970	昭和45	心身障害者対策基本法
1971	昭和46	中央教育審議会「第三の教育改革」を答申
1972	昭和47	沖縄が本土に復帰
1974	昭和49	教育人材確保法が成立。主任制，専修学校制度発足
1977	昭和52	小学校および中学校の学習指導要領改訂（ゆとりの教育）
1978	昭和53	高等学習指導要領の学習指導要領改訂
1979	昭和54	養護学校の義務制実施　共通一次試験初めて実施
1982	昭和57	家永三郎，検定不合格取り消し訴訟，第2審で差戻しとなる
1984	昭和59	臨時教育審議会が中曽根首相の諮問機関として発足
1985	昭和60	臨時教育審議会より教育改革に関する第1次答申出される
1987	昭和62	臨時教育審議会最終答申（8月7日）
1988	昭和63	教育職員免許法改正　文部省に生涯学習局を設置
1989	平成元	学習指導要領改訂（生活科の新設・家庭科の男女共修など）
		初任者研修制度の実施
1990	平成2	中央教育審議会答申「生涯学習の基礎整備について」（「生涯学習センター」の設置）

1991	平成3	中央教育審議会答申 「新しい時代に対応する教育の諸制度の改革について」（新タイプの高校）
1992	平成4	学校週5日制の実施
1994	平成6	児童の権利に関する条約を批准
1995	平成7	阪神・淡路大震災（1月17日）
1996	平成8	中央教育審議会答申「21世紀を展望した我が国の教育の在り方について」（ゆとりのなかで「生きる力」を育む，学校完全週5日制の導入）
1997	平成9	中央教育審議会答申「21世紀を展望した我が国の教育の在り方について」（中高一貫教育，大学への飛び入学：平成10年実施）
1998	平成10	中央教育審議会答申「新しい時代を拓く心を育てるために」（「心の教育」を推進）
		教育課程審議会答申「幼稚園，小学校，中学校，高等学校，盲学校，聾学校及び養護学校の教育課程の基準の改善について」（平成10年版の学習指導要領に採用）
		学習指導要領改訂（総合的な学習の時間の導入）
2000	平成12	学校教育法施行規則改正（校長の資格要件緩和）
		教育改革国民会議最終報告「教育を変える一七の提案」
		少年法改正，児童虐待防止法が公布
2001	平成13	文部科学省が誕生
2002	平成14	文部科学省「学びのすすめ——確かな学力向上のための2002アピール」
2004	平成16	障害者基本法が改正される（旧・心身障害者対策基本法）
		消費者基本法
2005	平成17	食育基本法が公布
		発達障害者支援法が施行
		中央教育審議会答申「新しい時代の義務教育を創造する」「特別支援教育を推進するための制度の在り方について」
2006	平成18	中央教育審議会答申「今後の教員養成，免許制度の在り方について」
		文部科学省「義務教育諸学校における学校評価ガイドライン」策定
		教育基本法改正
		学校教育法改正により，盲・聾・養護学校から特別支援学校へ改正
		自殺対策基本法の制定
2007	平成19	教育三法改正（学校教育法改正，地方教育行政法改正，教員免許法）
2008	平成20	幼稚園教育要領，小学校学習指導要領，中学校学習指導要領改訂
2009	平成21	高等学校学習指導要領，特別支援学校学習指導要領改訂
		学校保健安全法施行
		教員免許更新制が導入
2010	平成22	障害者自立支援法改正案が成立
2011	平成23	東日本大震災（3月11日）

2013	平成25	いじめ防止対策推進法案が可決成立
2014	平成26	改正児童売春，児童ポルノ禁止法が施行
2016	平成28	障害者差別解消法が施行（合理的配慮の必要性）
2017	平成29	幼稚園教育要領，小・中学校学習指導要領，特別支援学校学習指導要領（幼稚部，小学部，中学部）改訂
2018	平成30	高等学校学習指導要領改訂
2019	平成31	特別支援学校学習指導要領（高等部）改訂

＊本年表は津田徹氏と塩見剛一氏の協力を得て作成した。この場をお借りして御礼申し上げます。

参考文献

鯵坂二夫ほか編著『資料解説　教育原理』（改訂版），教師養成研究会学芸図書，1981年。

安彦忠彦『教育課程編成論』日本放送出版会，2002年。

新井郁男・二宮皓編著『比較教育制度論』財務省印刷局／放送大学教育振興会，2003年。

荒井武編著『教育史』福村出版，1993年。

石川松太郎ほか『日本教育史』玉川大学出版部，1997年。

イタール，J. M. G.，古武弥正訳『アヴェロンの野生児』牧書店，1952年。

伊藤信隆『教育課程論』建帛社，1986年。

稲村秀一『ブーバーの人間学』教文館，1987年。

大谷光長「西洋道徳思想の歩み」村田昇編『道徳教育』有信堂，1983年。

岡田正章・松山伙子編『現代保育原理』学文社，2003年。

岡野雅子ほか編，岡野雅子『新保育学』，南山堂，2003年。

岡本英明『ボルノウの教育人間学』サイマル出版，1972年。

小此木啓吾『モラトリアム人間の時代』中公文庫，2010年。

長田新監修『西洋教育史』お茶の水書房，1981年。

小澤周三ほか『教育思想史』有斐閣，1997年。

小田豊・青井倫子編『幼児教育の方法』北大路書房，2004年。

貝塚茂樹監修『教職教養サブノート』協同出版，2002年。

川瀬八州夫『教育思想史研究』酒井書店，2001年。

教員採用試験情報研究会編著『教職教養教育史これだけは暗記しとこう』一ツ橋書店，2004年。

教師養成研究会編『資料解説　教育原理』学芸図書，1981年。

教師養成研究会編著『近代教育史』学芸図書，1999年。

教師養成研究会編『教育原理』学芸図書，2004年。

熊谷一乗『現代教育制度論』学文社，1996年。

小林政吉『ブーバー研究』創文社，1978年。

コメニウス，J. A.，井ノ口淳三訳『世界図絵』平凡社ライブラリー，1995年。

柴田義松『教育課程論』学文社，2002年。

柴田義松『教育課程　カリキュラム入門』有斐閣，2004年。

新・保育士養成講座編纂委員会編，栃尾薫『保育原理』（新・保育士養成講座第七巻），全国社会福祉協議会，2002年。

新・保育士養成講座編纂委員会編，石田一彦『教育原理』（新・保育士養成講座第九巻），全国社会福祉協議会，2002年。

皇至道『西洋教育通史』玉川大学出版部，1981年。

武安宥編著，広岡義之『道徳教育』福村出版，1991年。

田代直人・佐々木司編著『教育の原理』ミネルヴァ書房，2006年。

谷口竜男『「われとなんじ」の哲学』北樹出版，1983年。

谷田貝公昭・岡本美智子編『保育原理』一藝社，2004年。

田原迫龍磨他企画・監修，中嶋邦彦・三原征次編『幼児教育の基礎と展開』コレール社，1998年。

土戸敏彦「人間――この特異な存在」土戸敏彦ほか編，田原迫龍麿ほか監修『人間形成の基礎と展開』コレール社，2002年。

土屋忠雄・吉田昇・斎藤正二編著『日本教育史』学文社，1993年。

東京教友会編著『教職教養ランナー』一ツ橋書店，2019年。

ノール，H.，島田四郎訳『人物による西洋近代教育史』玉川大学出版部，1990年。

ハイデッガー，M.，木場深定訳『真理の本質について』理想社，1980年。

林竹二『授業・人間について』国土社，1973年。

林竹二『教育の再生を求めて――湊川でおこったこと』国土社，1977年。

林竹二『教えるということ』国土社，1978年。

林竹二『林竹二著作集七巻（授業の成立）』筑摩書房，1983年。

林竹二『教えることと学ぶこと』（灰谷健次郎との対談）小学館，1986年。

林竹二『決定版　教育の根底にあるもの』国土社，2004年。

樋口直宏・林尚示・牛尾直行編著『実践に活かす教育課程論・教育方法論』学事出版，2009年。

平石善司『マルチン・ブーバー』創文社，1991年。

広岡義之編著『新しい教職概論・教育原理』関西学院大学出版部，2008年。

広岡義之編著『教育の制度と歴史』ミネルヴァ書房，2009年。

広岡義之編著『新しい教育課程論』ミネルヴァ書房，2010年。

広岡義之編『教職をめざす人のための教育用語・法規』ミネルヴァ書房，2012年。

広岡義之『ボルノー教育学入門』風間書房，2012年。

広岡義之編『新しい保育・幼児教育方法』ミネルヴァ書房，2013年。

広岡義之編著『教育実践に役立つ生徒指導・進路指導論』あいり出版，2013年。

広岡義之編著『新しい教育原理　第2版』，ミネルヴァ書房，2014年。

広岡義之編著『教育の本質とは何か――先人に学ぶ「教えと学び」』ミネルヴァ書房，
　2014年。

広岡義之編著『はじめて学ぶ教育課程』ミネルヴァ書房，2016年。

広岡義之編著『はじめて学ぶ生徒指導・進路指導』ミネルヴァ書房，2016年。

広岡義之編著『はじめて学ぶ教職論』ミネルヴァ書房，2017年。

広岡義之『ボルノー教育学研究　増補版』（上巻），創言社，2018年。

ブーバー，M.，植田重雄訳『我と汝・対話』岩波書店，1985年。

深谷昌志編著『現代っ子と学校』第一法規出版，1981年。

プラトン，三井浩・金松賢諒訳『国家』玉川大学出版部，1982年。

ブレットナー，F.，中森善治訳『西洋教育史』新光閣書店，1968年。

ボウルビィ，J.，黒田実郎訳『乳幼児の精神衛生』岩崎学術出版社，1967年。

ポルトマン，A.，高木正孝訳『人間はどこまで動物か』岩波新書，1961年。

ボルノー，O.F.，峰島旭雄訳『実存哲学と教育学』理想社，1966年。

ボルノー，O.F.，小島威彦訳『希望の哲学』新紀元社，1970年。

ボルノー，O.F.，浜田正秀ほか訳『対話への教育』玉川大学出版部，1973年。

ボルノー，O.F.，森田孝・大塚恵一訳編『問いへの教育』川島書店，1978年。

ボルノー，O.F.，森昭・岡田渥美訳『教育を支えるもの』黎明書房，1980年。

ボルノー，O.F.，西村皓・鈴木謙三訳『危機と新しい始まり』理想社，1981年。

ボルノー，O.F.，浜田正秀訳『人間学的に見た教育学』玉川大学出版部，1981年。

ボルノー，O.F.，浜田正秀訳『哲学的教育学入門』玉川大学出版部，1988年。

松本昭『我と汝の教育』理想社，1959年。

丸尾譲・八木義雄・秋川陽一編『保育原理』福村出版，1997年。

三井浩『愛の場所――教育哲学序説』玉川大学出版部，1981年。

三井浩『愛の哲学』玉川大学出版部，1981年。

三宅茂夫ほか編『保育の原理と実践』みらい，2004年。

無藤隆編，園田菜摘『発達心理学』ミネルヴァ書房，2003年。

村井実『ソクラテス』（上・下）講談社学術文庫，1977年。

森田孝「O・F・ボルノー」『現代に生きる教育思想』（ドイツ）ぎょうせい，1982年。

森脇道子編著『人間関係論――秘書の人間行動研究』1989年，建帛社

山崎英則・徳本達夫編著『西洋の教育の歴史と思想』ミネルヴァ書房，2001年。

山田栄ほか編『教育学小辞典』協同出版，1983年。

山本誠作『マルティン・ブーバーの研究』理想社，1971年。

横山利弘「教育の概念」横山利弘編著『教育の変遷と本質』福村出版，1991年。

横山利弘『道徳教育，画餅からの脱却』暁書房，2007年。

吉田敦彦『ブーバー対話論とホリスティック教育』勁草書房，2007年。

寄田啓夫・山中芳和編著『日本の教育の歴史と思想』ミネルヴァ書房，2002年。

ランゲフェルド，M. J., 和田修二訳『教育の人間学的考察』（増補改訂版）未来社，2013年。

ルソー，J. J., 今野一雄訳『エミール』（上・中・下）岩波文庫，1962～1964年。

Reble, A. (Hrsg.), *Geschichte der Pädagogik*, Ernst Klett Verlag Stuttgart, 20 Auflage, 2002（レーブレ，A., 広岡義之ほか訳『教育学の歴史』青土社，2015年）．

図表類の出典

41ページ

「古代の三美神」：ナポリ国立考古学博物館，パブリック・ドメイン。https://commons.wikimedia.org/wiki/File:The_Three_Graces,_from_Pompeii.jpg（2020年1月20日閲覧）

「中世の三美神」：パブリック・ドメイン。https://commons.wikimedia.org/wiki/File:Three_Graces._Convenevole_da_Prato.jpg（2020年1月20日閲覧）

「ルネサンスの三美神」：ボッティチェリ「春」，ウフィツィ美術館，パブリック・ドメイン。https://commons.wikimedia.org/wiki/File:Botticelli-primavera.jpg（2020年1月20日閲覧）

42ページ

「アテナイの学堂」：ラファエロ，バチカン宮殿，パブリック・ドメイン。https://commons.wikimedia.org/wiki/File:Raffael_058.jpg（2020年1月20日閲覧）

48ページ

『世界図絵』の絵「測量術」：コメニウス，J. A., 井ノ口淳三訳『世界図絵』平凡社ライブラリー，1995年，231ページ。

87ページ

「若者の自己肯定感」：内閣府「平成26年版子ども・若者白書」2014年，79ページ。

索　引

《著者紹介》

広岡 義之（ひろおか・よしゆき）

　　1958年生まれ。神戸親和女子大学発達教育学部・同大学院教授。関西学院
　　大学大学院文学研究科博士課程（教育学専攻）単位取得満期退学。博士
　　（教育学）。主著に『ボルノー教育学研究　増補版』（上・下）風間書房，
　　2018・2019年。『フランクル教育学への招待』風間書房，2008年。レーブレ
　　『教育学の歴史』（共訳）青土社，2015年など。

《絵》

北村 信明（きたむら・のぶあき）

　　1965年生まれ。きたむらイラストレーション。

絵で読む教育学入門

2020年5月1日　初版第1刷発行　　　　　　　　〈検印省略〉

定価はカバーに
表示しています

著　者	広　岡　義　之
絵	北　村　信　明
発行者	杉　田　啓　三
印刷者	中　村　勝　弘

発行所　　株式会社　ミネルヴァ書房

607-8494　京都市山科区日ノ岡堤谷町1
電話075-581-5191／振替01020-0-8076

© 広岡・北村，2020　　　　　　　　　中村印刷・清水製本

ISBN978-4-623-08508-8

Printed in Japan

はじめて学ぶ教職論	広岡義之 編著	本体二四〇〇円 A5判二二六頁
はじめて学ぶ教育の制度と歴史	津田徹 著	本体二四〇〇円 A5判二四〇頁
教育の本質とは何か——先人に学ぶ「教えと学び」	広岡義之 著	本体二四〇〇円 四六判二四八頁
教育学原論	吉田武男 監修 滝沢和彦 編著	本体二二〇〇円 B5判一九六頁
教職論	吉田武男 監修 吉田武男 編著	本体二二〇〇円 B5判二一六頁

ミネルヴァ書房
https://www.minervashobo.co.jp/